本書の特色と使い方

JN094467

教科書の内容を各児童の学習進度にあわせて使用できます

教科書の内容に沿って作成していますので，各学年で学習する単元や内容を身につけることができます。

学年や学校の学習進度に関係なく，各児童の学習進度にあわせてご使用ください。

基本的な内容をゆっくりていねいに学べます

算数が苦手な児童でも，無理なく，最後までやりとげられるよう，問題数を少なくしています。

また，児童が自分で問題を解いていくときの支援になるよう，問題を解くヒントや見本をのせています。

うすい文字は，なぞって練習してください。

問題数が多い場合は，1シートの半分ずつを使用するなど，各児童にあわせてご使用ください。

本書をコピー・印刷してくりかえし練習できます

学校の先生方は，学校でコピーや印刷をして使えます。

各児童にあわせて，必要な個所は，拡大コピーするなどしてご使用ください。

「解答例」を参考に指導することができます

本書 p90 ～「解答例」を掲載しております。まず，指導される方が問題を解き，本書の解答例も参考に解答を作成してください。

児童の多様な解き方や考え方に沿って答え合わせをお願いいたします。

目　次

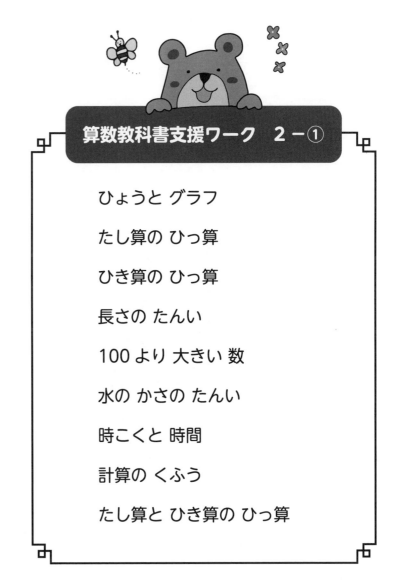

算数教科書支援ワーク　2 −①

- ひょうと グラフ

- たし算の ひっ算

- ひき算の ひっ算

- 長さの たんい

- 100 より 大きい 数

- 水の かさの たんい

- 時こくと 時間

- 計算の くふう

- たし算と ひき算の ひっ算

三角形と　四角形 (1)

月	日	名　前

● 同じ　きごうの　点と　点を　直線で　つないで　どうぶつを　かこみましょう。

直線とは
まっすぐな　線の
ことだったね。

３本の　直線で　かこまれた　形を
三角形　と　いいます。

４本の　直線で　かこまれた　形を
四角形　と　いいます。

三角形と 四角形 (2)

● 点と 点を 直線で つないで 三角形を かきましょう。

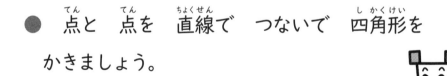

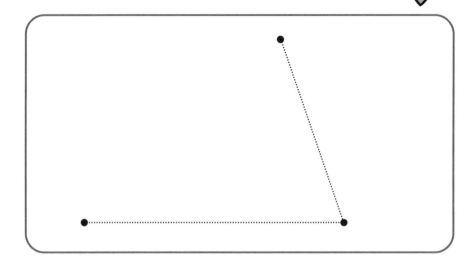

● 点と 点を 直線で つないで 四角形を かきましょう。

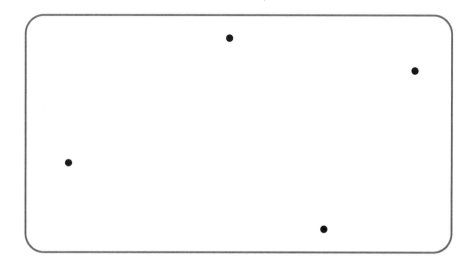

三角形と 四角形 (3)

● ▢ に あてはまる ことばを 書きましょう。

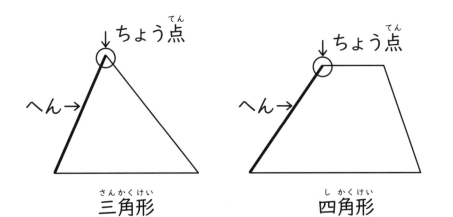

三角形や 四角形で 直線の ところを

▢ と いい,

かどの 点を ▢ と いいます。

● 三角形と 四角形の へんと ちょう点の 数を それぞれ 書きましょう。

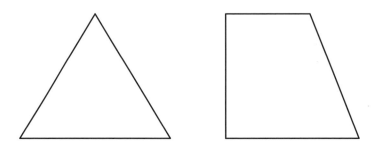

三角形　　へん ▢ つ

　　　　ちょう点 ▢ つ

四角形　　へん ▢ つ

　　　　ちょう点 ▢ つ

6

三角形と　四角形（4）

● 三角形を　見つけて　きごうに　○を
しましょう。

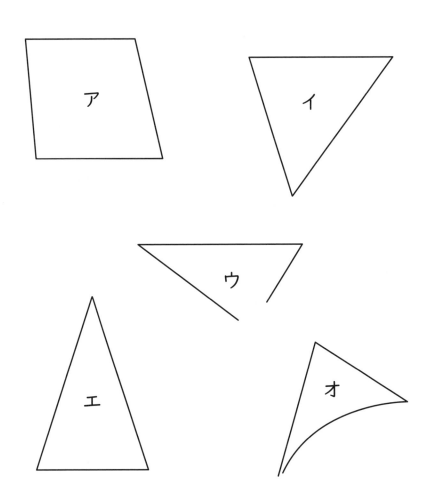

● 四角形を　見つけて　きごうに　○を
しましょう。

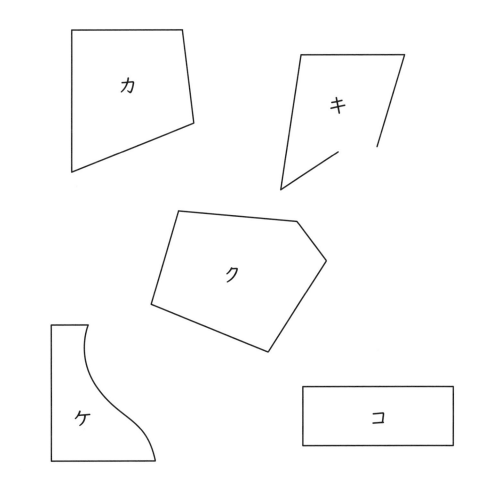

		名　前
月	日	

● 点と　点を　直線で　つないで　三角形を
かきましょう。

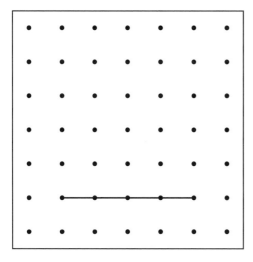

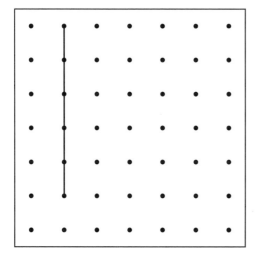

２つの　へんを
かきたして
かいて　みよう。

● 点と　点を　直線で　つないで　四角形を
かきましょう。

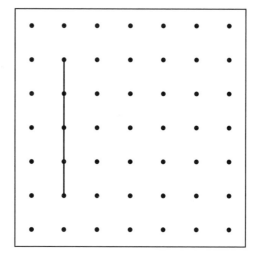

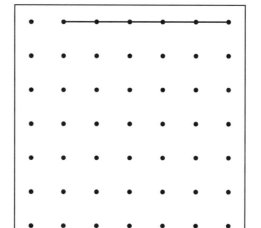

３つの　へんを
かきたして
かいて　みよう。

三角形と　四角形 (6)

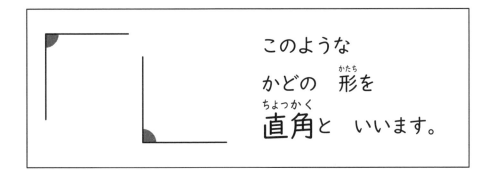

このような
かどの　形を
直角と　いいます。

● 右の　ものの　形の　中で　直角が　ある

ものには　（　）に　〇を　しましょう。

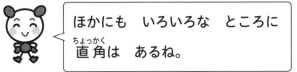
ほかにも　いろいろな　ところに
直角は　あるね。

① ノート（　　）

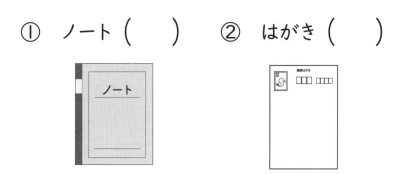

② はがき（　　）

③ 百円玉（　　）

④ 三角じょうぎ（　　）

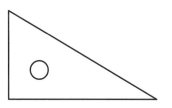

⑤ こくばん（　　）

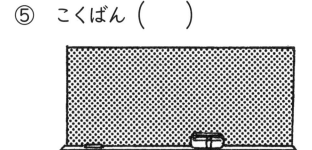

三角形と 四角形 (7)

名前 　月　　日

● 下の 2つの 四角形で，直角に なって いる かどに あの ように 赤色を ぬりましょう。
また，へんの 長さを はかって （ ）に 書きましょう。

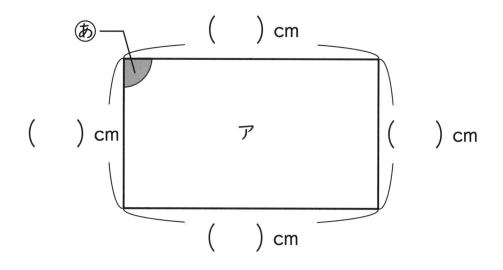

（　　）cm

あ

（　　）cm　　ア　　（　　）cm

（　　）cm

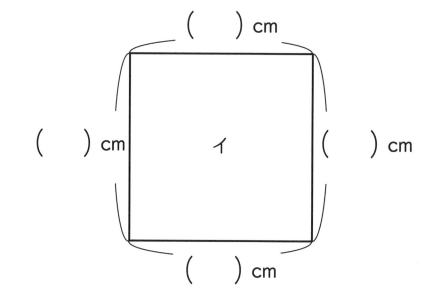

（　　）cm

（　　）cm　　イ　　（　　）cm

（　　）cm

4つの かどが みんな 直角の 四角形を
長方形 と いいます。長方形の むかいあう
2つの へんの 長さは 同じです。

4つの かどが みんな 直角で，4つの
へんの 長さが みんな 同じに なって
いる 四角形を 正方形 と いいます。

三角形と　四角形 (8)

● 長方形を　見つけて，きごうに　○を
しましょう。

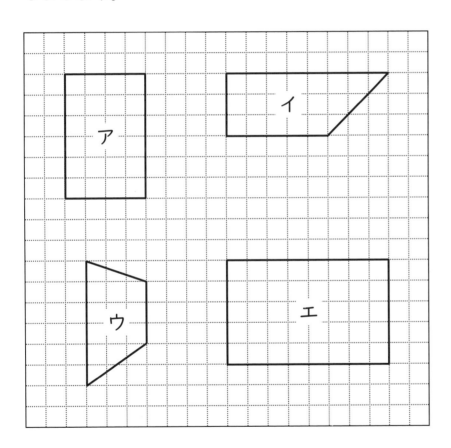

● 正方形を　見つけて，きごうに　○を
しましょう。

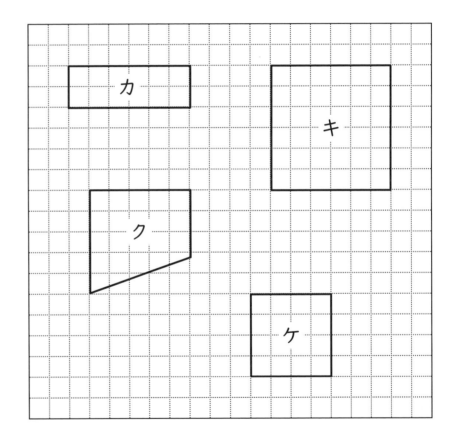

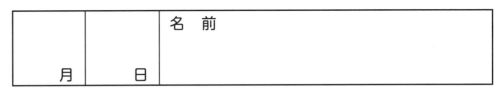

長方形は，4つの　かどが
みんな　直角の　四角形だね。

正方形は　4つの　かどが　みんな　直角で，
4つの　へんの　長さが　みんな　同じ　四角形だね。

三角形と 四角形 (9)

● 下の 三角形で, 直角に なって いる かどに 赤色を ぬりましょう。

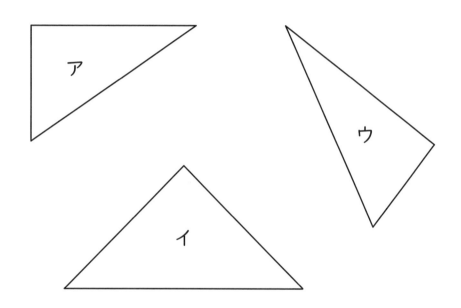

直角の かどの ある 三角形を
直角三角形と いいます。

● 直角三角形を 見つけて, きごうに ○を しましょう。

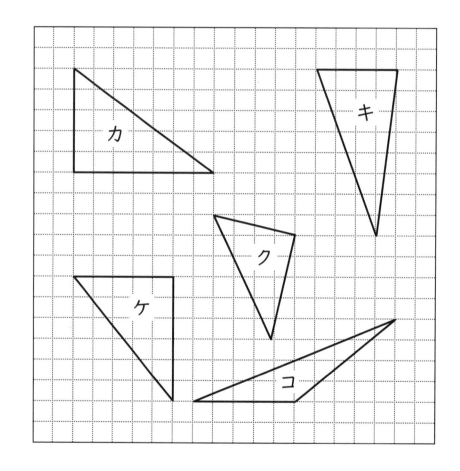

三角じょうぎを つかって しらべて みよう。

12

三角形と 四角形 (10)

名　前

月　日

● つぎの 大きさの 正方形, 長方形, 直角三角形を かきましょう。

① 1つの へんの 長さが 3cm の 正方形

② 2つの へんの 長さが 4cm と 5cm の 長方形

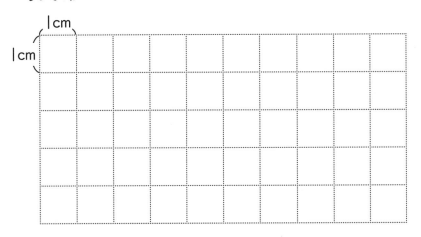

③ 直角に なる 2つの へんの 長さが 5cm と 7cm の 直角三角形

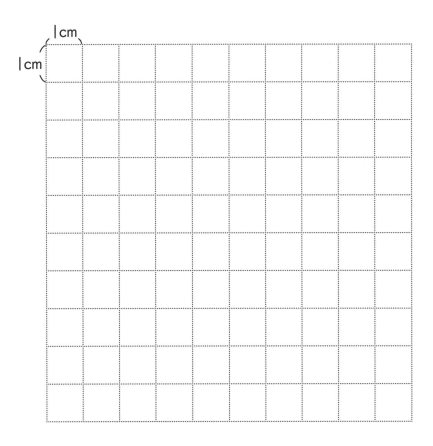

かけ算（1）

● ☐に あてはまる 数を 書きましょう。

 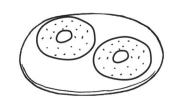

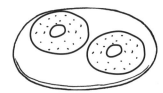 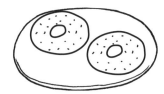

ドーナツが

１さらに ☐こずつ のって います。

おさらは ☐まい あります。

ドーナツは ぜんぶで ☐こです。

いちごが

１さらに ☐こずつ のって います。

おさらは ☐まい あります。

いちごは ぜんぶで ☐こです。

14

かけ算 (2)

● □に　あてはまる　数を　書きましょう。

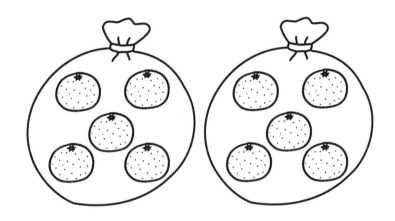

みかんが

1ふくろに　[　　　]こずつ　入って　います。

ふくろは　[　　　]ふくろ　あります。

みかんは　ぜんぶで　[　　　]こです。

なすが

1ふくろに　[　　　]本ずつ　入って　います。

ふくろは　[　　　]ふくろ　あります。

なすは　ぜんぶで　[　　　]本です。

かけ算 (3)

● つぎの 文を 絵に あらわしましょう。

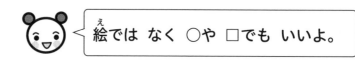

絵では なく ○や □でも いいよ。

クッキーが

1さらに 4 こずつ のって います。

おさらは 3 まい あります。

クッキーは ぜんぶで 12 こです。

りんごが

1かごに 2 こずつ 入って います。

かごは 4 こ あります。

りんごは ぜんぶで 8 こです。

16

かけ算 (4)

● つぎの 文を 絵に あらわしましょう。

おにぎりが

1さらに 2 こずつ のって います。

おさらは 3 まい あります。

おにぎりは ぜんぶで 6こです。

1さらに
2こずつ

メロンパンが

1ふくろに 3 こずつ 入って います。

ふくろは 4 ふくろ あります。

メロンパンは ぜんぶで 12こです。

1ふくろに
3こずつ

かけ算 (5)

● おさらの　上の　食べものの　数を　「何こずつの　何さら分」で　あらわしましょう。

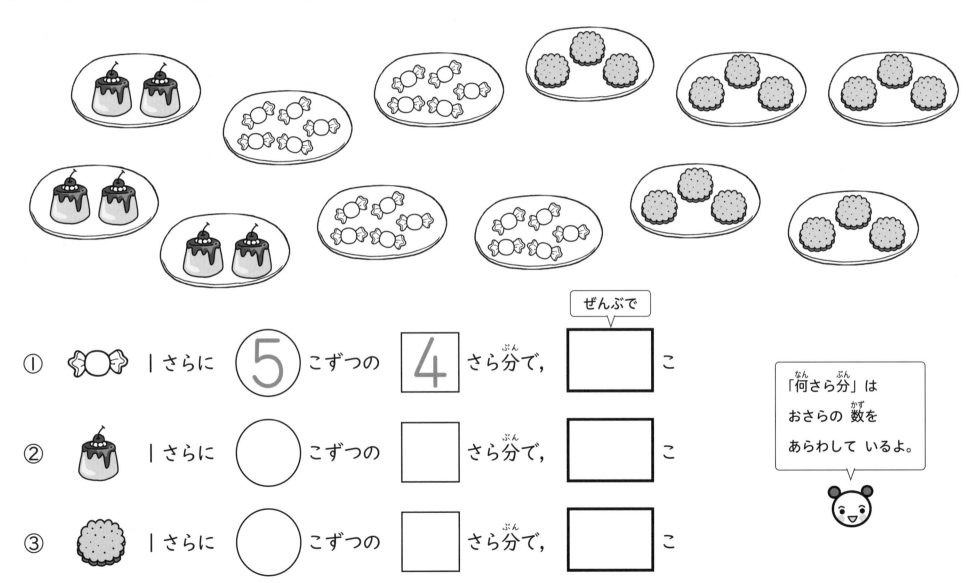

ぜんぶで

① 🍬 | さらに ⑤ こずつの 4 さら分で， ☐ こ

② 🍮 | さらに ◯ こずつの ☐ さら分で， ☐ こ

③ 🍪 | さらに ◯ こずつの ☐ さら分で， ☐ こ

「何さら分」は
おさらの　数を
あらわして　いるよ。

18

かけ算（6）

● ドーナツは　ぜんぶで　何こに　なりますか。

　あてはまる　数を　書いて，かけ算の　しきに　あらわしましょう。

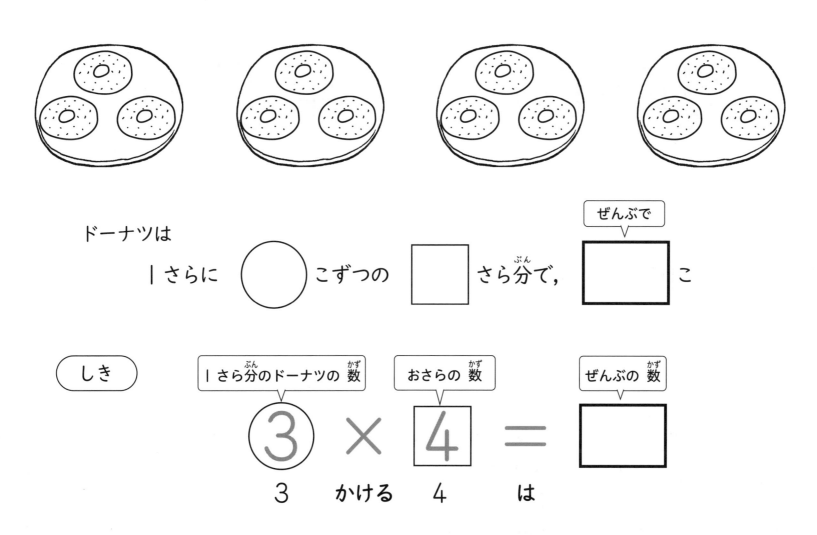

ドーナツは

1さらに　◯こずつの　☐さら分で，　ぜんぶで　☐こ

しき

1さら分のドーナツの数　おさらの数　ぜんぶの数

$③ × ④ =$ ☐

3　かける　4　は

かけ算 (7)

● ジュースは　ぜんぶで　何本に　なりますか。
かけ算の　しきを　書きましょう。

| はこに

本ずつの　□ はこ分で，　□本

しき

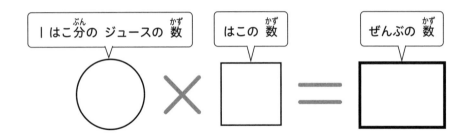

● プリンは　ぜんぶで　何こに　なりますか。
かけ算の　しきを　書きましょう。

| パックに

○こずつの　□ パック分で，　□こ

しき

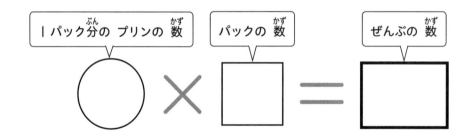

20

かけ算 (8)

● たこやきは　ぜんぶで　何こに　なりますか。
　かけ算の　しきを　書きましょう。

1さらに

◯ こずつの 　□ さら分で, 　□ こ

しき

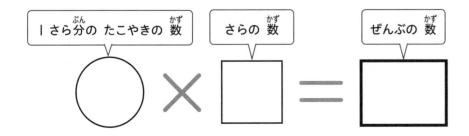

● 子どもは　ぜんぶで　何人に　なりますか。
　かけ算の　しきを　書きましょう。

1台に

◯ 人ずつの 　□ 台分で, 　□ 人

しき

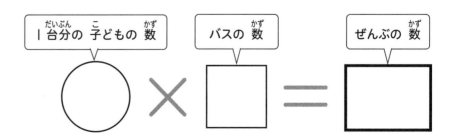

かけ算 (9)

● ケーキは　ぜんぶで　何こに　なりますか。
　かけ算の　しきを　書きましょう。

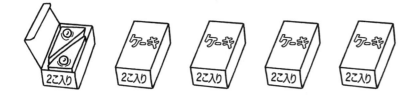

はこの　中は　見えないけれど，
どれも　2こずつ　入って　いるよ。

1 はこに

◯ こずつの　□ はこ分で，□ こ

しき

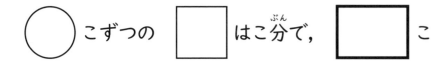

1はこ分の ケーキの 数　　はこの 数　　ぜんぶの 数

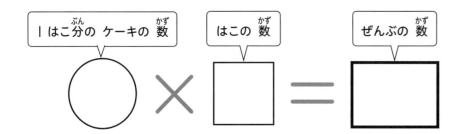

◯ × □ = □

● たいやきは　ぜんぶで　何こに　なりますか。
　かけ算の　しきを　書きましょう。

どの　はこにも　同じ　数ずつ
たいやきが　入って　いるよ。

1 はこに

◯ こずつの　□ はこ分で，□ こ

しき

1はこ分の たいやきの 数　　はこの 数　　ぜんぶの 数

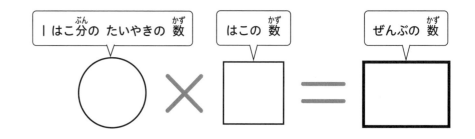

◯ × □ = □

かけ<ruby>算<rt>ざん</rt></ruby>（10）

● <ruby>絵<rt>え</rt></ruby>に　あった　かけ<ruby>算<rt>ざん</rt></ruby>の　しきを　えらんで　<ruby>線<rt>せん</rt></ruby>で　むすびましょう。

りんごの <ruby>数<rt>かず</rt></ruby>

クッキーの <ruby>数<rt>かず</rt></ruby>

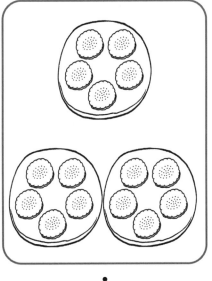

<ruby>金魚<rt>きんぎょ</rt></ruby>の <ruby>数<rt>かず</rt></ruby>

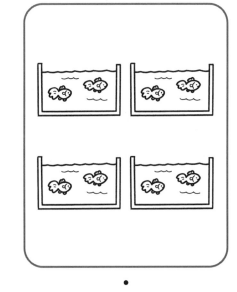

<ruby>人<rt>ひと</rt></ruby>の <ruby>数<rt>かず</rt></ruby>

3×5　　　5×3　　　4×2　　　2×4

かけ算（11）

5のだんの 九九

● 5のだんの 九九を おぼえましょう。

$5 \times 1 =$ □
ご　いちが　ご

$5 \times 6 =$ □
ご　ろく　さんじゅう

$5 \times 2 =$ □
ご　に　じゅう

$5 \times 7 =$ □
ご　しち　さんじゅうご

$5 \times 3 =$ □
ご　さん　じゅうご

$5 \times 8 =$ □
ご　は　しじゅう

$5 \times 4 =$ □
ご　し　にじゅう

$5 \times 9 =$ □
ごっ　く　しじゅうご

$5 \times 5 =$ □
ご　ご　にじゅうご

● かけ算を しましょう。

① $5 \times 3 =$ □

⑥ $5 \times 6 =$ □

② $5 \times 7 =$ □

⑦ $5 \times 5 =$ □

③ $5 \times 2 =$ □

⑧ $5 \times 1 =$ □

④ $5 \times 9 =$ □

⑨ $5 \times 8 =$ □

⑤ $5 \times 4 =$ □

24

かけ算 (12)

2のだんの 九九

● 2のだんの 九九を おぼえましょう。

2 × 1 = ☐
に　いち が　に

2 × 6 = ☐
に　ろく　じゅうに

2 × 2 = ☐
に　にん が　し

2 × 7 = ☐
に　しち　じゅうし

2 × 3 = ☐
に　さん が　ろく

2 × 8 = ☐
に　はち　じゅうろく

2 × 4 = ☐
に　し が　はち

2 × 9 = ☐
に　く　じゅうはち

2 × 5 = ☐
に　ご　じゅう

● かけ算を しましょう。

① 2 × 4 = ☐

⑥ 2 × 6 = ☐

② 2 × 9 = ☐

⑦ 2 × 2 = ☐

③ 2 × 5 = ☐

⑧ 2 × 3 = ☐

④ 2 × 1 = ☐

⑨ 2 × 7 = ☐

⑤ 2 × 8 = ☐

かけ算 （13）

3 のだんの 九九

● 3 のだんの 九九を おぼえましょう。

$3 \times 1 =$ [　　]
さん　　いち　が　　さん

$3 \times 2 =$ [　　]
さん　　に　が　　ろく

$3 \times 3 =$ [　　]
さ　　ざん　が　　く

$3 \times 4 =$ [　　]
さん　　し　　じゅうに

$3 \times 5 =$ [　　]
さん　　ご　　じゅうご

$3 \times 6 =$ [　　]
さぶ　　ろく　　じゅうはち

$3 \times 7 =$ [　　]
さん　　しち　　にじゅういち

$3 \times 8 =$ [　　]
さん　　ぱ　　にじゅうし

$3 \times 9 =$ [　　]
さん　　く　　にじゅうしち

● かけ算を しましょう。

① $3 \times 5 =$ [　　]

② $3 \times 2 =$ [　　]

③ $3 \times 6 =$ [　　]

④ $3 \times 1 =$ [　　]

⑤ $3 \times 8 =$ [　　]

⑥ $3 \times 7 =$ [　　]

⑦ $3 \times 4 =$ [　　]

⑧ $3 \times 9 =$ [　　]

⑨ $3 \times 3 =$ [　　]

かけ算 (14)　　　4のだんの 九九

● 4のだんの 九九を おぼえましょう。

$4 \times 1 = \boxed{}$
し　いち が　し

$4 \times 2 = \boxed{}$
し　に が　はち

$4 \times 3 = \boxed{}$
し　さん　じゅうに

$4 \times 4 = \boxed{}$
し　し　じゅうろく

$4 \times 5 = \boxed{}$
し　ご　にじゅう

$4 \times 6 = \boxed{}$
し　ろく　にじゅうし

$4 \times 7 = \boxed{}$
し　しち　にじゅうはち

$4 \times 8 = \boxed{}$
し　は　さんじゅうに

$4 \times 9 = \boxed{}$
し　く　さんじゅうろく

● かけ算を しましょう。

① $4 \times 4 = \boxed{}$

② $4 \times 7 = \boxed{}$

③ $4 \times 1 = \boxed{}$

④ $4 \times 6 = \boxed{}$

⑤ $4 \times 8 = \boxed{}$

⑥ $4 \times 9 = \boxed{}$

⑦ $4 \times 2 = \boxed{}$

⑧ $4 \times 5 = \boxed{}$

⑨ $4 \times 3 = \boxed{}$

かけ算 (15)

2のだん〜5のだん

● かけ算を　しましょう。

① $2 \times 6 =$

② $4 \times 9 =$

③ $3 \times 7 =$

④ $5 \times 8 =$

⑤ $3 \times 4 =$

⑥ $3 \times 8 =$

⑦ $4 \times 4 =$

⑧ $5 \times 9 =$

⑨ $2 \times 8 =$

⑩ $4 \times 7 =$

● かけ算を　しましょう。

① $5 \times 7 =$

② $4 \times 8 =$

③ $2 \times 7 =$

④ $3 \times 9 =$

⑤ $5 \times 3 =$

⑥ $3 \times 5 =$

⑦ $2 \times 9 =$

⑧ $5 \times 6 =$

⑨ $4 \times 6 =$

⑩ $2 \times 4 =$

かけ算（16）

6のだんの　九九

● 6のだんの　九九を　おぼえましょう。

$6 × 1 =$ ☐
ろく　いちが　ろく

$6 × 6 =$ ☐
ろく　ろく　さんじゅうろく

$6 × 2 =$ ☐
ろく　に　じゅうに

$6 × 7 =$ ☐
ろく　しち　しじゅうに

$6 × 3 =$ ☐
ろく　さん　じゅうはち

$6 × 8 =$ ☐
ろく　は　しじゅうはち

$6 × 4 =$ ☐
ろく　し　にじゅうし

$6 × 9 =$ ☐
ろっ　く　ごじゅうし

$6 × 5 =$ ☐
ろく　ご　さんじゅう

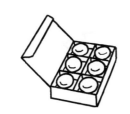

● かけ算を　しましょう。

① $6 × 4 =$ ☐

② $6 × 8 =$ ☐

③ $6 × 1 =$ ☐

④ $6 × 6 =$ ☐

⑤ $6 × 3 =$ ☐

⑥ $6 × 9 =$ ☐

⑦ $6 × 5 =$ ☐

⑧ $6 × 7 =$ ☐

⑨ $6 × 2 =$ ☐

かけ算 (17)

7のだんの 九九

● 7のだんの 九九を おぼえましょう。

7 × 1 = ☐
しち　いち　が　　しち

7 × 6 = ☐
しち　ろく　　しじゅうに

7 × 2 = ☐
しち　に　　じゅうし

7 × 7 = ☐
しち　しち　　しじゅうく

7 × 3 = ☐
しち　さん　にじゅういち

7 × 8 = ☐
しち　は　　ごじゅうろく

7 × 4 = ☐
しち　し　　にじゅうはち

7 × 9 = ☐
しち　く　　ろくじゅうさん

7 × 5 = ☐
しち　ご　　さんじゅうご

● かけ算を しましょう。

① 7 × 5 = ☐

⑥ 7 × 3 = ☐

② 7 × 9 = ☐

⑦ 7 × 4 = ☐

③ 7 × 6 = ☐

⑧ 7 × 2 = ☐

④ 7 × 1 = ☐

⑨ 7 × 8 = ☐

⑤ 7 × 7 = ☐

30

かけ算 （18）

8 のだんの 九九

● 8 のだんの 九九を おぼえましょう。

8 × 1 = ☐
はち　いちが　はち

8 × 6 = ☐
はち　ろく　しじゅうはち

8 × 2 = ☐
はち　に　じゅうろく

8 × 7 = ☐
はち　しち　ごじゅうろく

8 × 3 = ☐
はち　さん　にじゅうし

8 × 8 = ☐
はっ　ぱ　ろくじゅうし

8 × 4 = ☐
はち　し　さんじゅうに

8 × 9 = ☐
はっ　く　しちじゅうに

8 × 5 = ☐
はち　ご　しじゅう

● かけ算を しましょう。

① 8 × 7 = ☐

⑥ 8 × 2 = ☐

② 8 × 3 = ☐

⑦ 8 × 9 = ☐

③ 8 × 6 = ☐

⑧ 8 × 5 = ☐

④ 8 × 1 = ☐

⑨ 8 × 8 = ☐

⑤ 8 × 4 = ☐

31

かけ算 (19)

9のだんの 九九

● 9のだんの 九九を おぼえましょう。

$9 \times 1 =$ ☐
く　いち が　　く

$9 \times 6 =$ ☐
く　ろく　　ごじゅうし

$9 \times 2 =$ ☐
く　に　　じゅうはち

$9 \times 7 =$ ☐
く　しち　　ろくじゅうさん

$9 \times 3 =$ ☐
く　さん　　にじゅうしち

$9 \times 8 =$ ☐
く　は　　しちじゅうに

$9 \times 4 =$ ☐
く　し　　さんじゅうろく

$9 \times 9 =$ ☐
く　く　　はちじゅういち

$9 \times 5 =$ ☐
く　ご　　しじゅうご

● かけ算を しましょう。

① $9 \times 7 =$ ☐

⑥ $9 \times 2 =$ ☐

② $9 \times 3 =$ ☐

⑦ $9 \times 4 =$ ☐

③ $9 \times 1 =$ ☐

⑧ $9 \times 9 =$ ☐

④ $9 \times 8 =$ ☐

⑨ $9 \times 6 =$ ☐

⑤ $9 \times 5 =$ ☐

かけ算（20）

1 のだんの 九九

● 1 のだんの 九九を おぼえましょう。

1 × 1 = ☐
いん　いち　が　いち

1 × 2 = ☐
いん　に　が　に

1 × 3 = ☐
いん　さん　が　さん

1 × 4 = ☐
いん　し　が　し

1 × 5 = ☐
いん　ご　が　ご

1 × 6 = ☐
いん　ろく　が　ろく

1 × 7 = ☐
いん　しち　が　しち

1 × 8 = ☐
いん　はち　が　はち

1 × 9 = ☐
いん　く　が　く

● かけ算を しましょう。

① 1 × 3 = ☐

② 1 × 9 = ☐

③ 1 × 5 = ☐

④ 1 × 2 = ☐

⑤ 1 × 7 = ☐

⑥ 1 × 6 = ☐

⑦ 1 × 1 = ☐

⑧ 1 × 8 = ☐

⑨ 1 × 4 = ☐

月	日	名　前

● かけ算を　しましょう。

① 8×6＝ ☐

② 6×7＝ ☐

③ 9×4＝ ☐

④ 8×9＝ ☐

⑤ 9×7＝ ☐

⑥ 7×6＝ ☐

⑦ 6×3＝ ☐

⑧ 6×9＝ ☐

⑨ 8×8＝ ☐

⑩ 7×8＝ ☐

● かけ算を　しましょう。

① 7×9＝ ☐

② 9×9＝ ☐

③ 8×7＝ ☐

④ 6×6＝ ☐

⑤ 9×6＝ ☐

⑥ 8×3＝ ☐

⑦ 7×7＝ ☐

⑧ 9×8＝ ☐

⑨ 6×8＝ ☐

⑩ 7×4＝ ☐

かけ算（22）

1のだん〜9のだん

● かけ算を　しましょう。

① 5×7 = ☐

② 2×4 = ☐

③ 8×1 = ☐

④ 3×6 = ☐

⑤ 7×3 = ☐

⑥ 1×8 = ☐

⑦ 4×1 = ☐

① 9×9 = ☐

② 1×5 = ☐

③ 7×1 = ☐

④ 4×8 = ☐

⑤ 6×5 = ☐

⑥ 2×9 = ☐

⑦ 4×7 = ☐

● かけ算を　しましょう。

① 5×4 = ☐

② 3×9 = ☐

③ 8×5 = ☐

④ 1×1 = ☐

⑤ 5×3 = ☐

⑥ 6×8 = ☐

⑦ 7×7 = ☐

① 9×3 = ☐

② 2×6 = ☐

③ 7×4 = ☐

④ 8×6 = ☐

⑤ 3×2 = ☐

⑥ 4×5 = ☐

⑦ 9×1 = ☐

かけ算 (23)

1 のだん〜9 のだん

月	日	名 前

● かけ算を しましょう。

① 4×2 =

② 3×4 =

③ 7×8 =

④ 9×6 =

⑤ 8×2 =

⑥ 1×7 =

⑦ 2×2 =

① 5×8 =

② 6×2 =

③ 1×2 =

④ 7×5 =

⑤ 2×8 =

⑥ 3×8 =

⑦ 4×4 =

● かけ算を しましょう。

① 6×7 =

② 4×9 =

③ 9×5 =

④ 5×1 =

⑤ 7×9 =

⑥ 2×3 =

⑦ 8×7 =

① 2×5 =

② 9×8 =

③ 3×1 =

④ 4×3 =

⑤ 1×9 =

⑥ 6×4 =

⑦ 5×5 =

かけ算 (24)

月	日	名　前

● かけ算を　しましょう。

① 8×8 =

② 2×7 =

③ 5×9 =

④ 3×3 =

⑤ 1×4 =

⑥ 9×2 =

⑦ 6×1 =

① 8×3 =

② 6×9 =

③ 1×6 =

④ 9×4 =

⑤ 7×2 =

⑥ 3×5 =

⑦ 5×2 =

● かけ算を　しましょう。

① 9×7 =

② 3×7 =

③ 8×4 =

④ 4×6 =

⑤ 6×3 =

⑥ 2×1 =

⑦ 7×6 =

① 6×6 =

② 8×9 =

③ 1×3 =

④ 5×6 =

⑤ 4×7 =

⑥ 9×3 =

⑦ 7×7 =

かけ算 (25)

ばいと　かけ算

● 3cm の　2 ばいの　長さに　なるように
テープに　色を　ぬりましょう。
また, その　長さを　もとめましょう。

2 ばいとは,
3cm の　2 つ分の
ことだね。

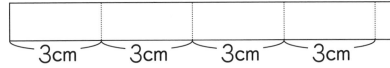

しきに　あらわすと

$$3 \times \boxed{} = \boxed{}$$

答え　□ cm

● つぎの　テープの
長さを　もとめましょう。

テープに　色を
ぬって　みよう。

① 3cm の　4 ばい

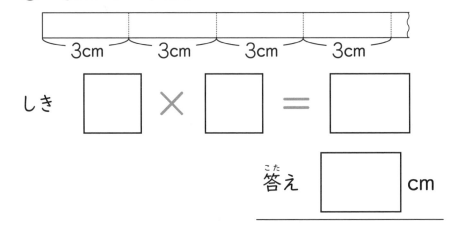

しき　□ × □ = □

答え　□ cm

② 2cm の　5 ばい

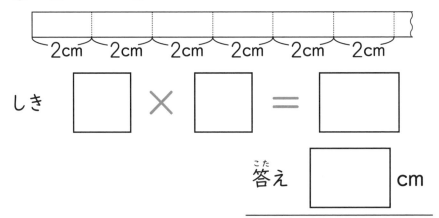

しき　□ × □ = □

答え　□ cm

かけ算 (26)

ばいと　かけ算

● つぎの　つみ木の　高さを　もとめましょう。

① 2cm の　4 ばい

2cm の　4 つ分だね。

しき

□ × □ = □

答え □ cm

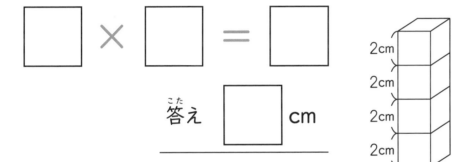

② 3cm の　3 ばい

しき

□ × □ = □

答え □ cm

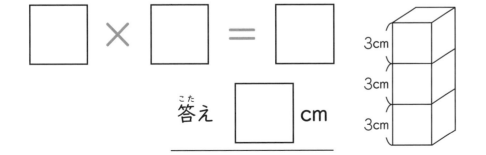

● つぎの　数を　もとめましょう。

① 2 ひき

の　3 ばい

しき　□ × □ = □

答え □ ぴき

② 6 こ

の　2 ばい

しき　□ × □ = □

答え □ こ

39

名　前

月　日

● 1はこに　えんぴつが　6本ずつ　入って

います。

　はこは　7はこ　あります。

　えんぴつは　ぜんぶで

何本　ありますか。

○本ずつ　□はこ分で，　□本

しき

○ × □ = □

答え　□本

● 1台の　車に　3人ずつ　のります。

車は　6台　あります。

　ぜんぶで　何人　のる　ことが

できますか。

○人ずつ　□台分で，　□人

しき

○ × □ = □

答え　□人

かけ算（28）

● 子どもが　8人　います。

子ども　ひとりに　風船を　2こずつ

くばります。

風船は　ぜんぶで

何こ　いりますか。

◯ こずつ　☐ 人分で，　☐ こ

しき

◯ × ☐ = ☐

答え ☐ こ

● じゃがいもが　入った　ふくろが　9ふくろ

あります。

1つの　ふくろに　じゃがいもが

5こずつ　入って　います。

じゃがいもは　ぜんぶで

何こ　ありますか。

◯ こずつ　☐ ふくろ分で，　☐ こ

しき

◯ × ☐ = ☐

答え ☐ こ

かけ算 (29)

文しょうだい

● 1まい 9円の 画用紙を
4まい 買います。
　何円に なりますか。

しき

答え

■ あつさ 6mm の 本を
8さつ つみます。
　高さは ぜんぶで 何 mm に
なりますか。

しき

答え

● 1ふくろ 3まい入りの はがきが
9ふくろ あります。
　はがきは ぜんぶで
何まい ありますか。

しき

答え

■ かいとさんは 1日に 7ページずつ
本を 読みます。
　5日間では, 何ページ
読むことが できますか。

しき

答え

42

かけ算 (30)

九九の ひょう

● 九九の ひょうを かんせい させましょう。

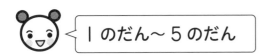 1のだん〜5のだん

かける数

	1	2	3	4	5	6	7	8	9
1	1	2							
2	(2×1) 2	(2×2)	(2×3)	(2×4)	(2×5)	(2×6)	(2×7)	(2×8)	(2×9)
3									
4									
5									

かけられる数

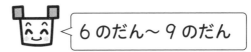 6のだん〜9のだん

かける数

	1	2	3	4	5	6	7	8	9
6									
7									
8									
9									

かけられる数

にがてな だんの
数字を 入れて やってみよう。

43

九九の ひょうと きまり (1)

● 九九の ひょうの あいて いる ところを うめて, 九九の ひょうを かんせい させましょう。

■ □に あてはまる 数を 書きましょう。

① 7のだんでは, かける数が 1 ふえると,

答えは □ だけ ふえます。

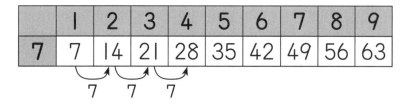

	1	2	3	4	5	6	7	8	9
7	7	14	21	28	35	42	49	56	63

7 7 7

② 4のだんでは, かける数が 1 ふえると,

答えは □ だけ ふえます。

かける数

	1	2	3	4	5	6	7	8	9	
1	1	2	3	4	5	6	7	8	9	1のだん
2	2	4	□	8	10	12	14	16	18	2のだん
3	3	6	9	12	15	18	□	24	27	3のだん
4	4	8	12	16	20	24	28	32	36	4のだん
5	5	10	15	20	25	30	35	40	□	5のだん
6	6	12	18	24	30	36	42	□	54	6のだん
7	7	14	21	28	35	42	49	56	63	7のだん
8	8	□	24	32	40	48	56	64	72	8のだん
9	9	18	27	36	□	54	63	72	81	9のだん

(2×1) (2×2) (2×3) (2×4) (2×5) (2×6) (2×7) (2×8) (2×9)

かけられる数

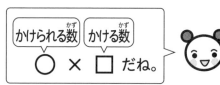

かけられる数 かける数
○ × □ だね。

九九の ひょうと きまり (2)

 九九の ひょうを 見て 答えましょう。

かける数

	1	2	3	4	5	6	7	8	9
1	1	2	3	4	5	6	7	8	9
2	2	4	6	8	10	12	14	16	18
3	3	6	9	12	15	18	21	24	27
4	4	8	12	16	20	24	28	32	36
5	5	10	15	20	25	30	35	40	45
6	6	12	18	24	30	36	42	48	54
7	7	14	21	28	35	42	49	56	63
8	8	16	24	32	40	48	56	64	72
9	9	18	27	36	45	54	63	72	81

かけられる数

● □に あてはまる 数を 書きましょう。

① 5×3の 答えと 3×□ の 答えは
同じです。

② 2×7 ＝ 7×□

③ 6×8 ＝ □×□

> かけられる数と
> かける数を
> 入れかえても
> 答えは 同じだね。

■ 答えが 下の 数に なる 九九を すべて
書きましょう。

① 9　　（ 1×9 ）（　　　）
　　　　　（　　　）

② 24　　（ 3×8 ）（　　　）
　　　　　（　　　）（　　　）

45

九九の ひょうと きまり (3)

| | | 月 | 日 | 名 前 |

九九の ひょうを 見て 答えましょう。

● ㋐〜㋓に 入る 数の しきを 書きましょう。

㋐ (4×6) ㋑ ( )

㋒ ( ) ㋓ ( )

■ ㋐〜㋓の かけ算の 答えを 書きましょう。

㋐ ( ) ㋑ ( )

㋒ ( ) ㋓ ( )

かける数

	1	2	3	4	5	6	7	8	9	10	11	12
1	1	2	3	4	5	6	7	8	9			
2	2	4	6	8	10	12	14	16	18			
3	3	6	9	12	15	18	21	24	27			㋒
4	4	8	12	16	20	㋐	28	32	36			
5	5	10	15	20	25	30	35	40	45			
6	6	12	18	24	30	36	42	48	54			
7	7	14	21	28	35	42	49	56	63			
8	8	16	24	32	40	48	㋑	64	72			
9	9	18	27	36	45	54	63	72	81			
10			㋓									
11												
12												

かけられる数

3のだんは，3ずつ 大きくなるね。

10×3 = 3×10と 考えても いいね。

46

10000 までの　数（1）

● つぎの　数を　数字で　書きましょう。

① 二千六百三十五

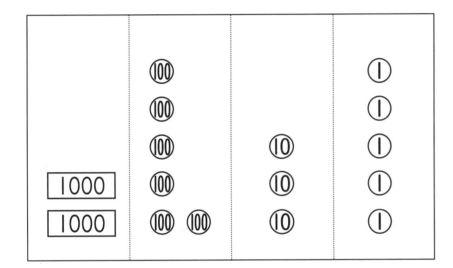

1000 が　□ こ　　100 が　□ こ　　10 が　□ こ　　1 が　□ こ

千のくらい	百のくらい	十のくらい	一のくらい

② 四千二百八

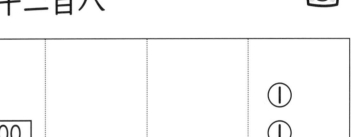

1000 が　□ こ　　100 が　□ こ　　10 が　□ こ　　1 が　□ こ

千のくらい	百のくらい	十のくらい	一のくらい

10000 までの 数 (2)

		名 前
月	日	

● つぎの 数を 数字で 書きましょう。

① 三千九十六
（さんぜんきゅうじゅうろく）

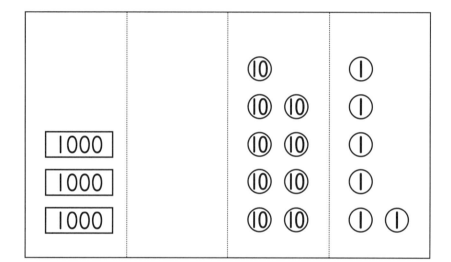

1000 が	100 が	10 が	1 が
□ こ	□ こ	□ こ	□ こ

千のくらい（せん）	百のくらい（ひゃく）	十のくらい（じゅう）	一のくらい（いち）

② 五千二
（ごせんに）

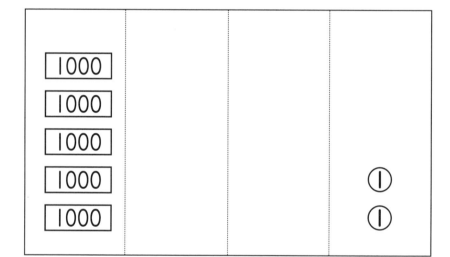

1000 が	100 が	10 が	1 が
□ こ	□ こ	□ こ	□ こ

千のくらい（せん）	百のくらい（ひゃく）	十のくらい（じゅう）	一のくらい（いち）

10000までの 数 (3)

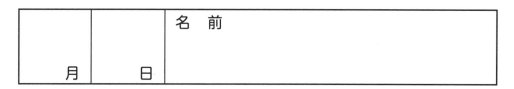

月	日	名 前

● 数を 読んで 数字で 書きましょう。

① 八千五百三十七 ➡

せん 千のくらい	ひゃく 百のくらい	じゅう 十のくらい	いち 一のくらい

② 四千七百十一 ➡

せん 千のくらい	ひゃく 百のくらい	じゅう 十のくらい	いち 一のくらい

③ 六千四百三 ➡

せん 千のくらい	ひゃく 百のくらい	じゅう 十のくらい	いち 一のくらい

④ 五千二十二 ➡

せん 千のくらい	ひゃく 百のくらい	じゅう 十のくらい	いち 一のくらい

● 数を 読んで 数字で 書きましょう。

① 七千 ➡

せん 千のくらい	ひゃく 百のくらい	じゅう 十のくらい	いち 一のくらい

② 二千六 ➡

せん 千のくらい	ひゃく 百のくらい	じゅう 十のくらい	いち 一のくらい

③ 九千十八 ➡

せん 千のくらい	ひゃく 百のくらい	じゅう 十のくらい	いち 一のくらい

④ 八千五十 ➡

せん 千のくらい	ひゃく 百のくらい	じゅう 十のくらい	いち 一のくらい

10000 までの 数 (4)

● □に あてはまる 数を 書きましょう。

くらいの へやに 数を 入れると よく わかるね。

① 千のくらいが 6, 百のくらいが 7, 十のくらいが 3,
一のくらいが 8の 数は ☐ です。

せん 千のくらい	ひゃく 百のくらい	じゅう 十のくらい	いち 一のくらい
6	7	3	8

② 千のくらいが 1, 百のくらいが 9, 十のくらいが 0,
一のくらいが 5の 数は ☐ です。

せん 千のくらい	ひゃく 百のくらい	じゅう 十のくらい	いち 一のくらい

③ 千のくらいが 7, 百のくらいが 0, 十のくらいが 2,
一のくらいが 0の 数は ☐ です。

せん 千のくらい	ひゃく 百のくらい	じゅう 十のくらい	いち 一のくらい

④ 千のくらいが 4, 百のくらいが 1, 十のくらいが 0,
一のくらいが 0の 数は ☐ です。

せん 千のくらい	ひゃく 百のくらい	じゅう 十のくらい	いち 一のくらい

10000 までの 数 (5)

● ☐に あてはまる 数を 書きましょう。

くらいの へやに 数を 入れると よく わかるね。

① 3607 は，1000 を ☐ こ，100 を ☐ こ，
1 を ☐ こ あわせた 数です。

千のくらい	百のくらい	十のくらい	一のくらい
3	6	0	7

② 5080 は，1000 を ☐ こ，10 を ☐ こ
あわせた 数です。

千のくらい	百のくらい	十のくらい	一のくらい

③ 1000 を 6 こ，100 を 2 こ，10 を 3 こ，
1 を 9 こ あわせた 数は ☐ です。

千のくらい	百のくらい	十のくらい	一のくらい

④ 1000 を 7 こ，100 を 1 こ，10 を 4 こ
あわせた 数は ☐ です。

千のくらい	百のくらい	十のくらい	一のくらい

51

10000 までの 数 (6)

● つぎの 文を しきに あらわしましょう。また, しきを 文に あらわしましょう。

① 4730 は, 4000 と 700 と
30 を あわせた 数です。

➡ 4730 = ☐ + ☐ + ☐

② 8162 は, 8000 と 100 と
60 と 2 を あわせた 数です。

➡ 8162 = ☐ + ☐ + ☐ + ☐

③ 5060 = 5000 + 60

➡ 5060 は, ☐ と ☐ を
あわせた 数です。

④ 3907 = 3000 + 900 + 7

➡ 3907 は, ☐ と ☐ と ☐ を
あわせた 数です。

10000 までの 数 (7)

● □に あてはまる 数を 書きましょう。

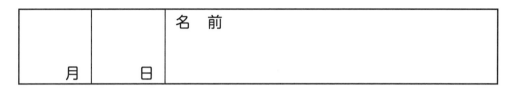

① 100を 20こ あつめた 数は ☐ です。

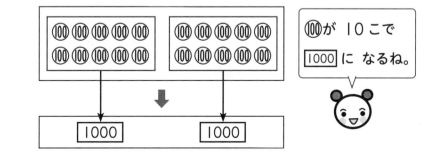

② 100を 13こ あつめた 数は ☐ です。

③ 100を 26こ あつめた 数は ☐ です。

④ 100を 42こ あつめた 数は ☐ です。

53

10000 までの 数 (8)

月	日	名 前

● □に あてはまる 数を 書きましょう。

① 3000 は 100 を □ こ あつめた 数です。

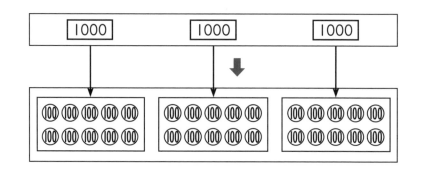

1000 は 100 を 10こ あつめた 数だね。

② 1700 は 100 を □ こ あつめた 数です。

③ 2500 は 100 を □ こ あつめた 数です。

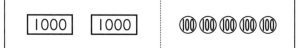

④ 3800 は 100 を □ こ あつめた 数です。

10000 までの 数 (9)

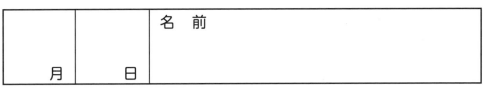
● 計算を　しましょう。

① 800 + 400 = ☐

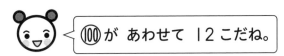

⑩⑩⑩⑩⑩⑩⑩⑩ ➡ ⬅ ⑩⑩⑩⑩

⑩が あわせて 12 こだね。

② 600 + 500 = ☐

③ 300 + 900 = ☐

④ 700 + 600 = ☐

● 計算を　しましょう。

① 900 − 400 = ☐

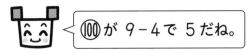

⑩⑩⑩⑩⑩ ⑩⑩⑩⑩

⑩が 9−4で 5だね。

② 1000 − 700 = ☐

③ 800 − 200 = ☐

④ 1000 − 600 = ☐

10000までの 数(かず) (10)

● □に あてはまる 数(かず)を 書(か)いて 読(よ)みましょう。

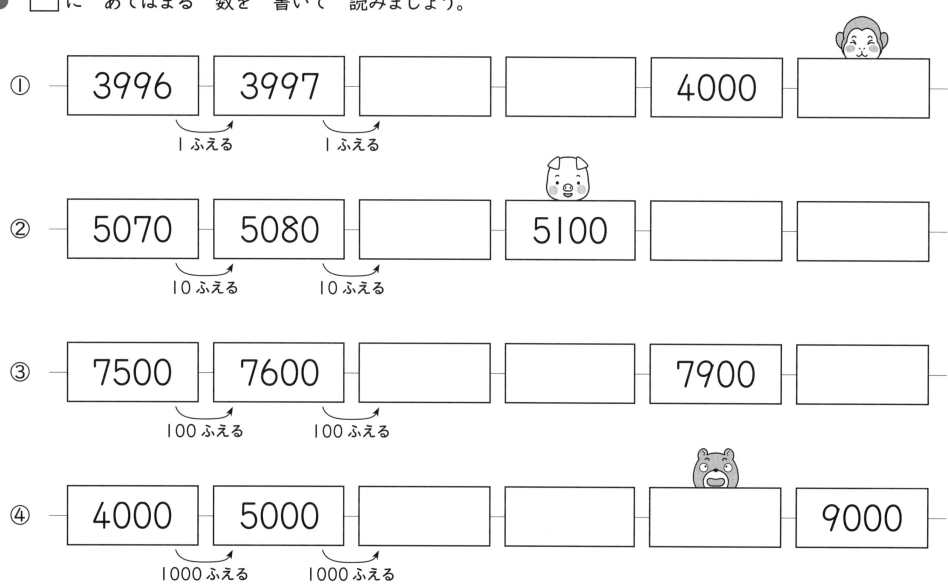

① | 3996 | 3997 | | | 4000 | |

1 ふえる　1 ふえる

② | 5070 | 5080 | | 5100 | | |

10 ふえる　10 ふえる

③ | 7500 | 7600 | | | 7900 | |

100 ふえる　100 ふえる

④ | 4000 | 5000 | | | | 9000 |

1000 ふえる　1000 ふえる

10000 までの 数 (11)

		名　前
月	日	

● □に あてはまる 数を 書きましょう。

数の線の 1めもりは いくつかな。

①

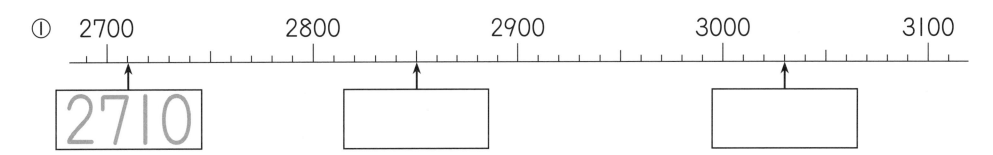

2700　　2800　　2900　　3000　　3100

2710

②

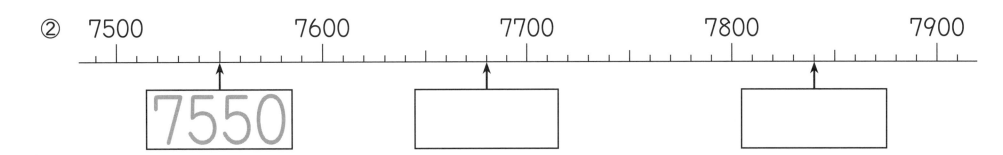

7500　　7600　　7700　　7800　　7900

7550

③

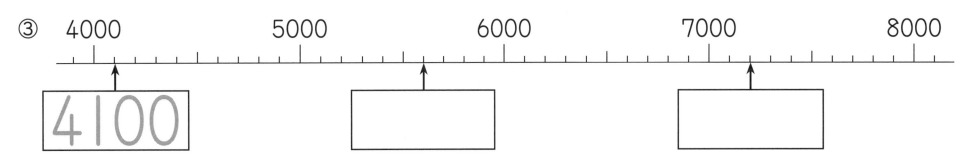

4000　　5000　　6000　　7000　　8000

4100

57

名 前

月　日

● □に あてはまる 数を 書いて じゅんに 読みましょう。

①
	100 ふえる	100 ふえる			
9000	9100				9500
9600				10000	

②
	1000 ふえる	1000 ふえる			
1000	2000				6000
7000			10000		

10000(一万)は, 1000(千)を 10こ あつめた 数です。

10000 までの 数（13）

● □に あてはまる 数を 書きましょう。

じゅんに 読んで みよう。

①
	1 ふえる	1 ふえる			
9990	9991	9992			9995
9996				10000	

②
	10 ふえる	10 ふえる		
9900	9910			9940
9960	9970			10000

③ 10000 より 1 小さい 数は □ です。

④ 10000 より 10 小さい 数は □ です。

10000までの 数(14)

● どちらが 大きいですか。□に >か <を 書きましょう。

3752 > 3698

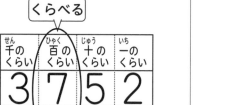

くらべる

千の くらい	百の くらい	十の くらい	一の くらい
3	7	5	2
3	6	9	8

↑おなじ

大きい くらいから
じゅんに くらべたら
よかったね。

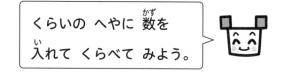

くらいの へやに 数を
入れて くらべて みよう。

① 5967 □ 6010

千の くらい	百の くらい	十の くらい	一の くらい

② 8215 □ 8125

千の くらい	百の くらい	十の くらい	一の くらい

③ 9967 □ 9976

千の くらい	百の くらい	十の くらい	一の くらい

④ 4235 □ 4238

千の くらい	百の くらい	十の くらい	一の くらい

⑤ 10000 □ 9999

長い ものの 長さの たんい (1)

● イルカの 体長は 何m 何cm ですか。
また，何cm ですか。

□ m □ cm

□ cm

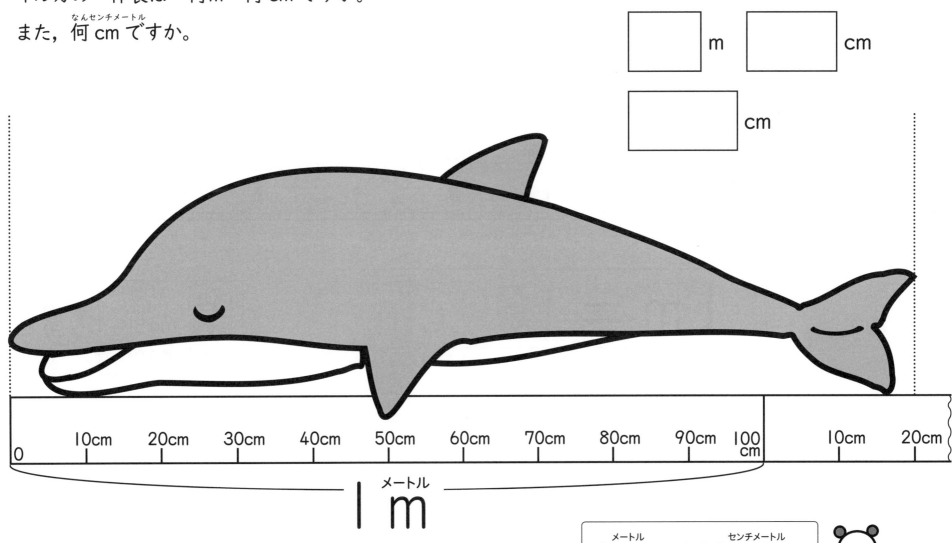

| 0 | 10cm | 20cm | 30cm | 40cm | 50cm | 60cm | 70cm | 80cm | 90cm | 100cm | | 10cm | 20cm |

1 m

1m = 100cm です。

長い ものの 長さの たんい (2)

● 1m ものさしの □ に 数字を 書いて, 目もりを 読みましょう。

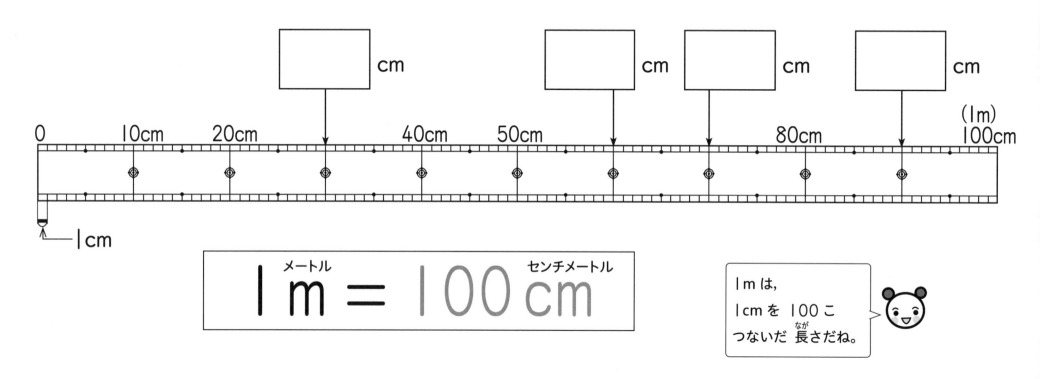

1m = 100cm

1m は,
1cm を 100こ
つないだ 長さだね。

■ れんしゅうを しましょう。

62

長い ものの 長さの たんい (3)

● テープの 長さは 何 m 何 cm ですか。

①

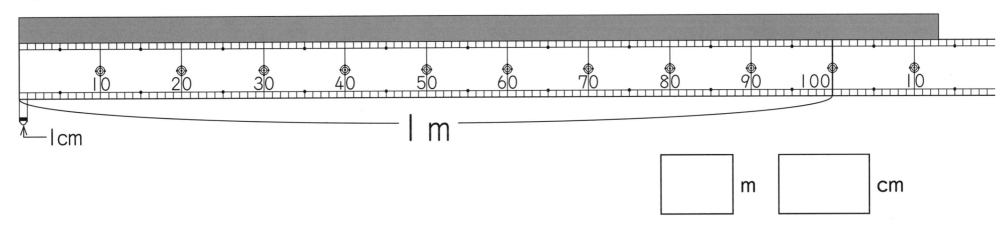

☐ m ☐ cm

②

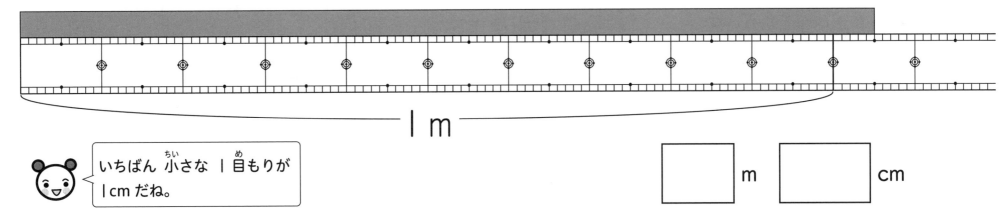

いちばん 小さな 1目もりが 1cm だね。

☐ m ☐ cm

63

● テープの　長さは　何m 何cm ですか。また，何cm ですか。

①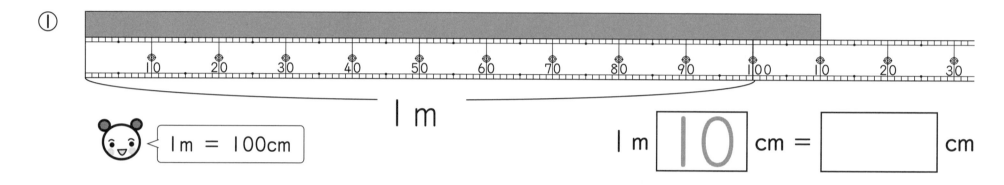

1 m

1m = 100cm

1 m 　10　 cm = 　　　　　 cm

②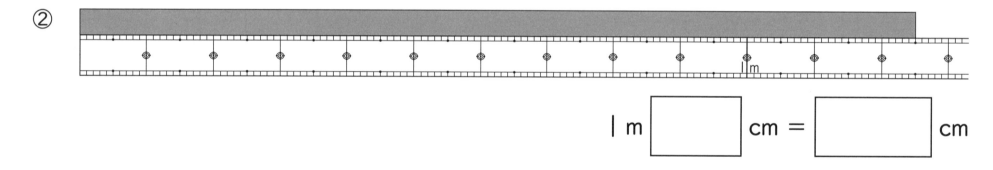

1 m 　　　　 cm = 　　　　　 cm

③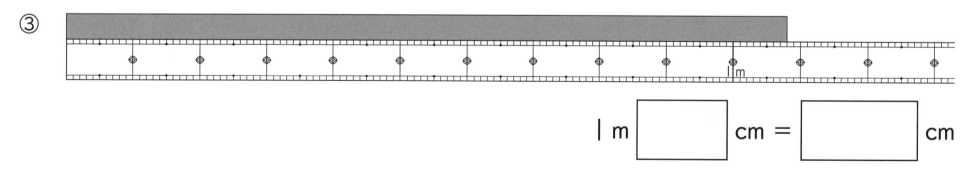

1 m 　　　　 cm = 　　　　　 cm

長い ものの 長さの たんい (5)

● ☐ に あてはまる 数を 書きましょう。

① 1m = ☐ cm

② 3m 40cm = ☐ cm

m		cm	➡		m	cm
3	4	0		3	4	0

ひょうを つかうと わかりやすいね。

③ 2m 70cm = ☐ cm

m	cm

④ 5m 8cm = ☐ cm

m	cm

● ☐ に あてはまる 数を 書きましょう。

① 400cm = ☐ m

m	cm

② 170cm = ☐ m ☐ cm

m	cm

③ 630cm = ☐ m ☐ cm

m	cm

④ 302cm = ☐ m ☐ cm

m	cm

65

名前

月　日

● 計算を しましょう。

① 2m 10cm + 3m 40cm = ☐ m ☐ cm

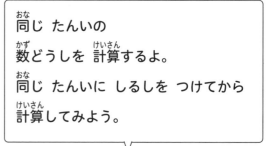

同じ たんいの
数どうしを 計算するよ。

同じ たんいに しるしを つけてから
計算してみよう。

② 3m 70cm + 20cm = ☐ m ☐ cm

③ 1m 80cm + 6m = ☐ m ☐ cm

④ 4m 5cm + 3m 15cm = ☐ m ☐ cm

⑤ 10m 30cm + 2m 7cm = ☐ m ☐ cm

長い ものの 長さの たんい (7)

● 計算を しましょう。

① 3m 40cm − 1m 10cm ＝ ☐ m ☐ cm

② 7m 50cm − 30cm ＝ ☐ m ☐ cm

同じ たんいの
数どうしを 計算だね。

たんいを まちがえずに
計算しよう。

③ 8m 2cm − 5m ＝ ☐ m ☐ cm

④ 6m 24cm − 24cm ＝ ☐ m

⑤ 2m 80cm − 2m 60cm ＝ ☐ cm

長い ものの 長さの たんい (8)

● □に あてはまる 長さの たんい
（m, cm, mm）を 書きましょう。

① シロナガスクジラの 体長 … 25 □

② えんぴつの 長さ ……… 17 □

③ 教科書の あつさ ……… 6 □

● □に あてはまる 長さの たんい
（m, cm, mm）を 書きましょう。

① 7かいだての ビルの 高さ … 20 □

② お米 1つぶの 長さ …… 4 □

③ 生まれた ときの 赤ちゃんの しん長

…… 50 □

68

図を つかって 考えよう (1)

名 前

月　日

犬が　9 ひき　います。

そのうち, 白い　犬は　6 ぴき,

黒い　犬は　3 びきです。

お話を　図に　あらわすと

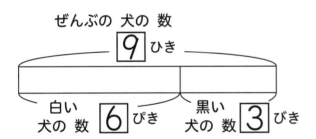

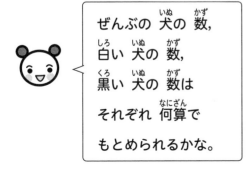 ぜんぶの 犬の 数,
白い 犬の 数,
黒い 犬の 数は
それぞれ 何算で
もとめられるかな。

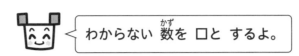 わからない 数を □と するよ。

① 黒い　犬の　数を　もとめる

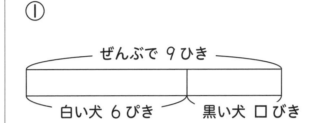

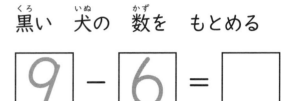

$9 - 6 = \boxed{}$

② 白い　犬の　数を　もとめる

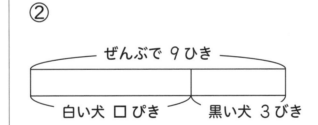

$9 - 3 = \boxed{}$

③ ぜんぶの　犬の　数を　もとめる

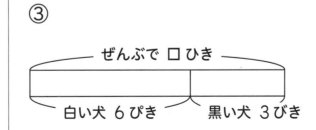

$6 + 3 = \boxed{}$

69

図を つかって 考えよう (2)

● お話の ばめんを 図に あらわして, 答えを もとめましょう。

公園で 12人 あそんで います。
あとから 何人か 来たので,
みんなで 18人に なりました。
あとから 何人 来ましたか。

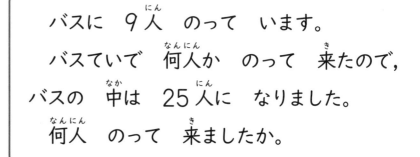

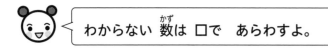 わからない 数は □で あらわすよ。

はじめの 数 (12)人　　来た 数 (□)人

ぜんぶの 数 (18)人

しき [　　] − [　　] = [　　]

答え _____

バスに 9人 のって います。
バスていで 何人か のって 来たので,
バスの 中は 25人に なりました。
何人 のって 来ましたか。

図の ( )に 数や □を 書いて 考えよう。

はじめの 数

(　　)人　のって 来た 数 (　　)人

ぜんぶの 数 (　　)人

しき [　　　　　　]

答え _____

図を つかって 考えよう (3)

● お話の ばめんを 図に あらわして, 答えを もとめましょう。

いちごが 何こか あります。

7こ 食べたので,

のこりが 13こに なりました。

はじめに いちごは 何こ ありましたか。

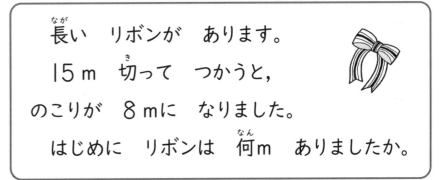

わからない 数（□）は はじめの いちごの 数だね。

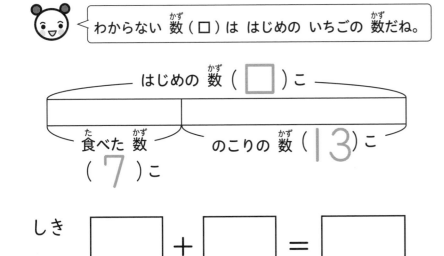

はじめの 数（ □ ）こ

食べた 数
（ 7 ）こ

のこりの 数（ 13 ）こ

しき

$$\boxed{} + \boxed{} = \boxed{}$$

答え _____

長い リボンが あります。

15m 切って つかうと,

のこりが 8mに なりました。

はじめに リボンは 何m ありましたか。

図の（ ）に 数や □を 書いて 考えよう。

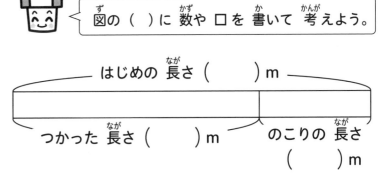

はじめの 長さ（　　　）m

つかった 長さ（　　　）m

のこりの 長さ
（　　　）m

しき

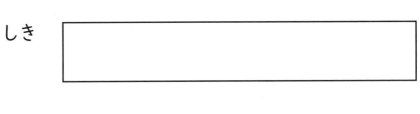

答え _____

図を つかって 考えよう (4)

		名 前
月	日	

● お話の ばめんを 図に あらわして, 答えを もとめましょう。

あめが 25こ あります。
妹に 何こか あげたので,
のこりが 19こに なりました。
妹に 何こ あげましたか。

わからない 数（□）は あげた 数だね。

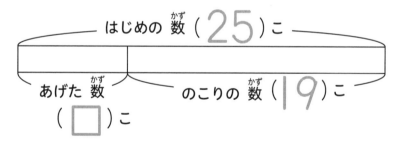

しき

	−		=		

答え _____

鳥が 木に 32わ います。
何わか とんで いったので,
のこりが 10わに なりました。
何わ とんで いきましたか。

図の （ ）に 数や □を 書いて 考えよう。

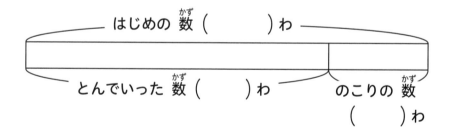

しき

答え _____

図を つかって 考えよう (5)

● お話の ばめんを 図に あらわして，答えを もとめましょう。

たまごが 何こか あります。
10こ 買って きたので，
14 こに なりました。
はじめに たまごは 何こ ありましたか。

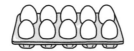

わからない 数（□）は はじめの 数だね。

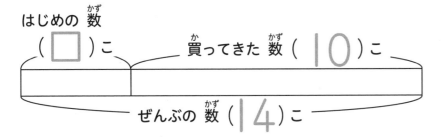

はじめの 数
（ □ ）こ　　買ってきた 数（ 10 ）こ

ぜんぶの 数（ 14 ）こ

しき □ ── □ ＝ □

答え _____

ちゅう車場に 車が 何台か 止まって
います。5 台 入って きたので，
42 台に なりました。
はじめに 車は 何台 止まって いましたか。

図の（ ）に 数や □を 書いて 考えよう。

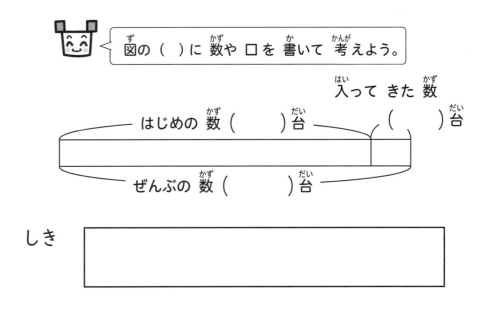

入って きた 数
はじめの 数（　　）台　　（　　）台

ぜんぶの 数（　　）台

しき

答え _____

図を つかって 考えよう (6)

● お話の ばめんを 図に あらわします。( )に 数や □を 書き入れましょう。

色紙が 16まい あります。
何まいか もらったので,
ぜんぶで 23まいに なりました。

①, ②, ③の じゅんに 図を かいて いくよ。

① はじめの 数 16まい

② もらった 数 □まい

③ ぜんぶの 数 23まい

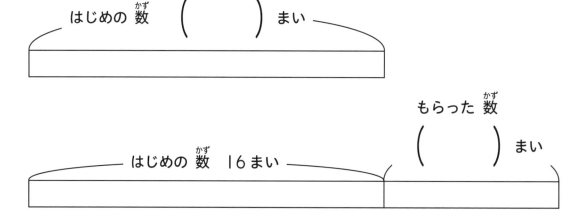

はじめの 数 ( ) まい

もらった 数
( ) まい

はじめの 数 16まい

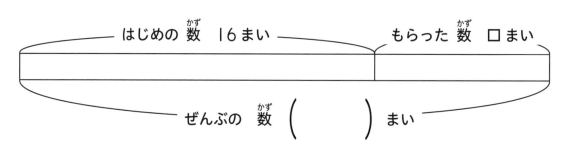

はじめの 数 16まい　　もらった 数 □まい

ぜんぶの 数 ( ) まい

図を つかって 考えよう (7)

● お話の ばめんを 図に あらわします。（　）に 数や □を 書き入れましょう。

> バスに 何人か のって います。
> バスていで 8人 下りたので,
> のこりが 14人に なりました。

> ①, ②, ③の じゅんに 図を かいて いくよ。

① はじめの 数 □人

② 下りた 数 8人

③ のこりの 数 14人

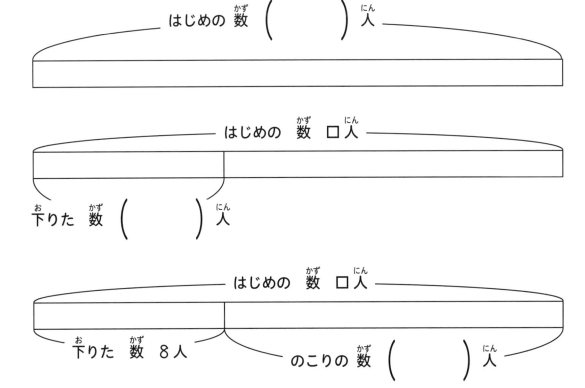

はじめの 数 （　　　）人

はじめの 数 □人

下りた 数 （　　　）人

はじめの 数 □人

下りた 数 8人　　のこりの 数 （　　　）人

図を つかって 考えよう (8)

● つぎの ⓐと ⓘの 2つの もんだい文に あう 図と しきを 線で むすびましょう。

ⓐ
> 公園に 子どもが 15人 います。
>
> 何人か 帰ったので,
>
> のこりが 9人に なりました。
>
> 何人 帰りましたか。

ⓘ
> 公園に 子どもが 何人か います。
>
> 6人 帰ったので,
>
> のこりが 9人に なりました。
>
> はじめに 子どもは 何人 いましたか。

•

•

•

•

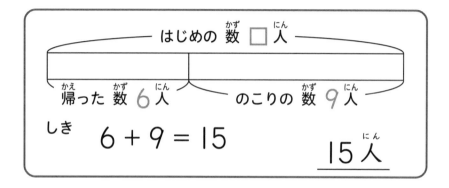

はじめの 数 □人

帰った 数 6人　のこりの 数 9人

しき　6 + 9 = 15

15人

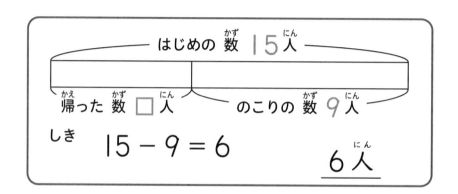

はじめの 数 15人

帰った 数 □人　のこりの 数 9人

しき　15 − 9 = 6

6人

図を つかって 考えよう (9)

● つぎの ⓐと ⓘの 2つの もんだい文に あう 図と しきを 線で むすびましょう。

ⓐ
ミニトマトが 14こ あります。
何こか 買って きたので,
ぜんぶで 22こに なりました。
何こ 買って きましたか。

ⓘ
ミニトマトが 何こか あります。
8こ 買って きたので,
ぜんぶで 22こに なりました。
はじめに 何こ ありましたか。

・

・

・

・

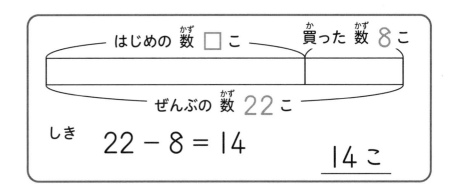

はじめの 数 14こ　買った 数 □こ
ぜんぶの 数 22こ
しき　22 − 14 = 8
8こ

はじめの 数 □こ　買った 数 8こ
ぜんぶの 数 22こ
しき　22 − 8 = 14
14こ

分数 (1)

同じ　大きさに　2つに　分けた　1つ分を，
もとの　大きさの　$\frac{1}{2}$（二分の一）と
いいます。

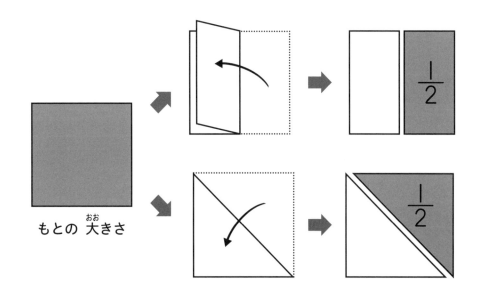

もとの 大きさ

■　れんしゅうを　しましょう。

$\frac{1}{2}$ ←③
←①
←②

$\frac{1}{2}$ ── ──

● もとの　大きさの　$\frac{1}{2}$は　どれですか。
（　）に　○を　しましょう。

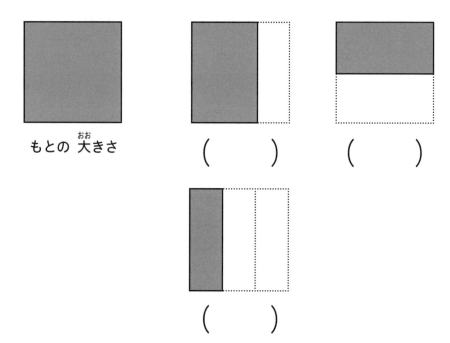

もとの 大きさ　　（　　）　　（　　）

（　　）

■　$\frac{1}{2}$の　大きさに　色を　ぬりましょう。

① 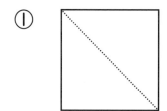　　②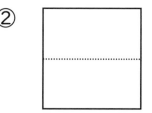

分数 (2)

● もとの 大きさの $\frac{1}{4}$は どれですか。
（　）に ○を しましょう。

もとの 大きさ

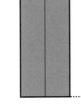
（　　）

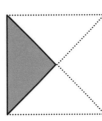
（　　）

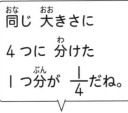
同じ 大きさに 4つに 分けた 1つ分が $\frac{1}{4}$だね。

（　　）

■ $\frac{1}{4}$の 大きさに 色を ぬりましょう。

①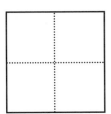

②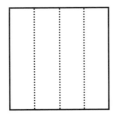

● もとの 大きさの $\frac{1}{3}$は どれですか。
（　）に ○を しましょう。

もとの 大きさ

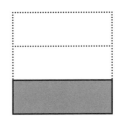
（　　）

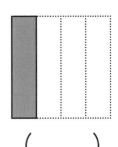
（　　）

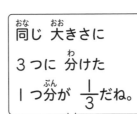
同じ 大きさに 3つに 分けた 1つ分が $\frac{1}{3}$だね。

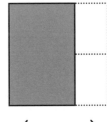
（　　）

■ $\frac{1}{3}$の 大きさに 色を ぬりましょう。

①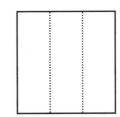

②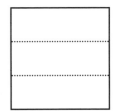

分数 (3)

● ①〜⑤ は, もとの 大きさの 何分の一ですか

もとの 大きさ

①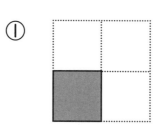

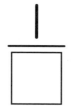

②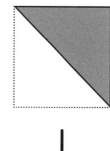

③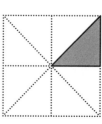

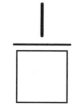

④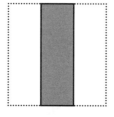

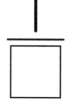

⑤

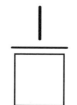

80

分数 (4)

● 下の　㋐は，もとの　長さの　何分の一ですか。

もとの　長さ

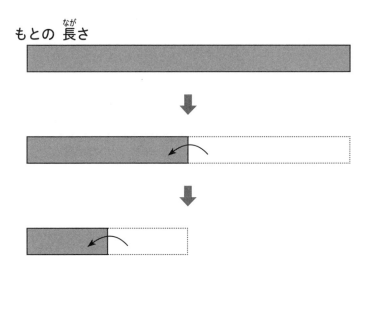

㋐

$\dfrac{1}{}$

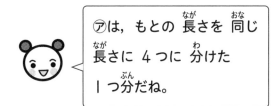

㋐は，もとの　長さを　同じ
長さに　4つに　分けた
1つ分だね。

● もとの　長さの　$\dfrac{1}{2}$は　どれですか。
（　）に　〇を　しましょう。

もとの　長さ

（　）

（　）

（　）

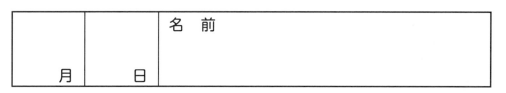

$\dfrac{1}{2}$は，同じ　長さに
2つに　分けた　1つ分だね。

81

分数 (5)

● ①〜③ は，もとの　長さの　何分の一ですか。

もとの　長さ

①

②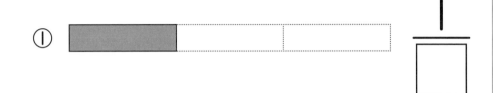

③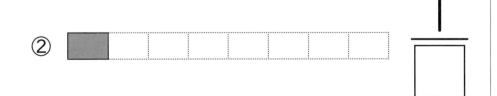

● つぎの　長さに　色を　ぬりましょう。

もとの　長さ

① $\frac{1}{2}$

② $\frac{1}{3}$

③ $\frac{1}{4}$

④ $\frac{1}{8}$

82

分数 (6)

● 下の　㋐と　㋑の　テープの　長さを　くらべて，□に　あてはまる　数を　書きましょう。

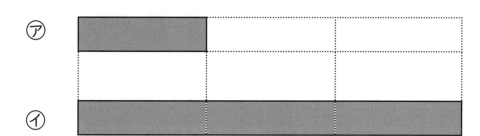

㋐は，㋑を　同じ　長さに　3つに　分けた　1つ分の　長さに　なって　いるね。

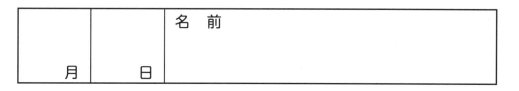

① ㋐の　長さは，㋑の　長さの　$\dfrac{1}{\boxed{}}$　です。

② ㋐を　□つ　あつめると，㋑の　長さに　なります。

③ ㋑の　長さは，㋐の　長さの　□　ばいです。

83

はこの 形 (1)

● 下の　アの　はこの　形を　見て　答えましょう。

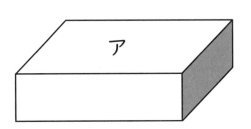

↓ 面の　形を
うつしとると

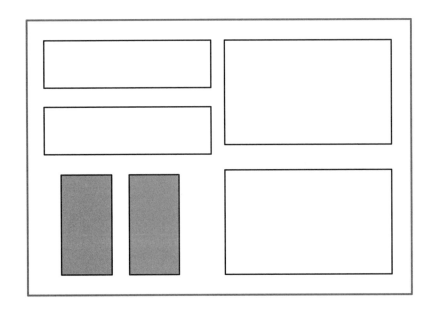

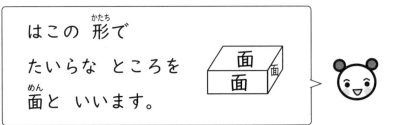

はこの　形で
たいらな　ところを
面と　いいます。

① 面は　いくつ　ありますか。　 つ

② 同じ　形の　面は　いくつずつ
ありますか。　 つずつ

③ 面の　形は　何という　四角形ですか。

84

はこの 形 (2)

● 下の イの はこの 形を 見て 答えましょう。

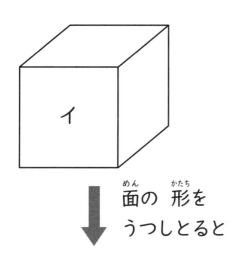

イ

↓ 面の 形を うつしとると

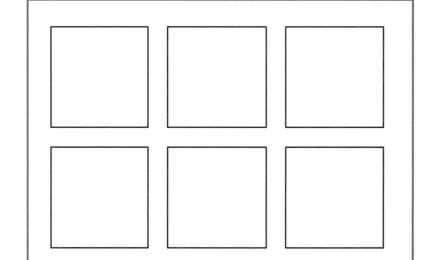

① 面は いくつ ありますか。

 つ

② 同じ 形の 面は いくつ ありますか。

 つ

③ 面の 形は 何という 四角形ですか。

4つの へんの 長さは みんな 同じだよ。

85

はこの　形 (3)

● ア〜ウに　あてはまる　ことばを　□から
えらんで　書きましょう。

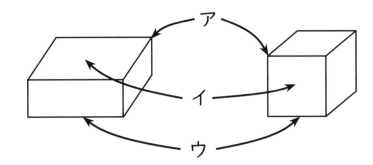

┌─────────────────────────────┐
　へん　・　面　・　ちょう点
└─────────────────────────────┘

ア　☐

イ　☐

ウ　☐

● 下の　はこの　形を　見て　答えましょう。

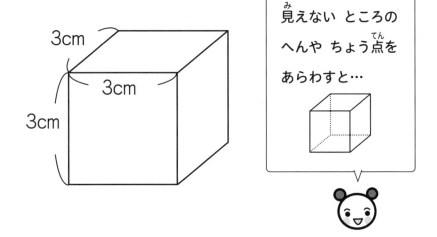

見えない　ところの
へんや　ちょう点を
あらわすと…

① ちょう点は　ぜんぶで　いくつ　ありますか。

☐　つ

② 3cmの　へんは　ぜんぶで　いくつ
ありますか。

☐

86

はこの 形 (4)

● 下の はこの 形を 見て 答えましょう。

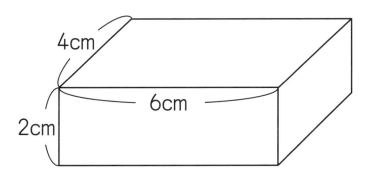

4cm

6cm

2cm

見えない
ところの
へんや ちょう点は
どうなって いるかな。

① ちょう点は ぜんぶで いくつ ありますか。

つ

② へんは ぜんぶで いくつ ありますか。

③ 2cm の へんは いくつ ありますか。

④ 6cm の へんは いくつ ありますか。

87

はこの 形 (5)

● ひごと ねん土玉を つかって 下の ような はこの 形を つくります。

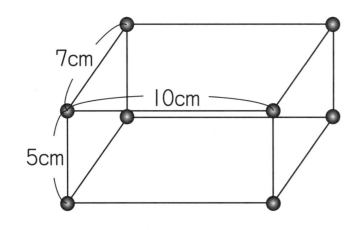

7cm
10cm
5cm

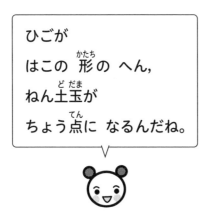

ひごが
はこの 形の へん,
ねん土玉が
ちょう点に なるんだね。

① つぎの 長さの ひごが それぞれ 何本 いりますか。

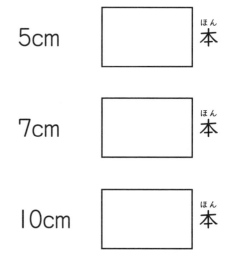

5cm 　　　　　本

7cm 　　　　　本

10cm 　　　　　本

② ねん土玉は 何こ いりますか。

こ

はこの 形 (6)

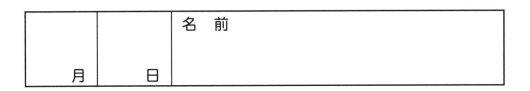

● 下の ⓐ, ⓘの 図を 組み立てて できる はこの 形を ア～エから えらんで 線で つなぎましょう。

ⓐ
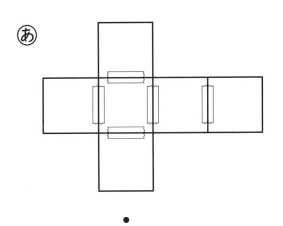

ⓘ
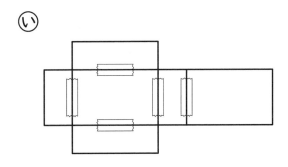

ア
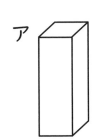

イ
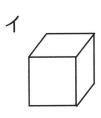

ウ
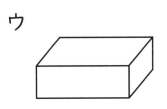

エ
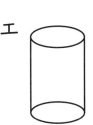

89

P.4

三角形と 四角形（1）

		名前
月	日	

● 同じ きごうの 点と 点を 直線で つないで どうぶつを かこみましょう。

> 直線とは まっすぐな 線の ことだったね。

3本の 直線で かこまれた 形を 三角形と いいます。

4本の 直線で かこまれた 形を 四角形と いいます。

4

P.5

三角形と 四角形（2）

		名前
月	日	

● 点と 点を 直線で つないで 三角形を かきましょう。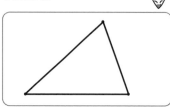

● 点と 点を 直線で つないで 四角形を かきましょう。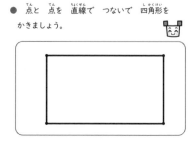

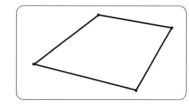

5

P.6

三角形と 四角形（3）

		名前
月	日	

● □に あてはまる ことばを 書きましょう。

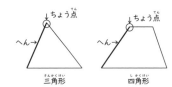

三角形や 四角形で 直線の ところを へん と いい，かどの 点を ちょう点 と いいます。

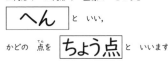

● 三角形と 四角形の へんと ちょう点の 数を それぞれ 書きましょう。

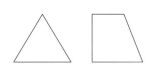

三角形　へん 3 つ
　　　　ちょう点 3 つ

四角形　へん 4 つ
　　　　ちょう点 4 つ

6

P.7

三角形と 四角形（4）

		名前
月	日	

● 三角形を 見つけて きごうに ○を しましょう。

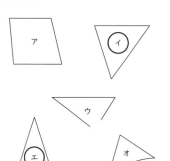

● 四角形を 見つけて きごうに ○を しましょう。

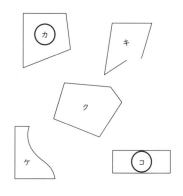

7

P.8

三角形と　四角形（5）

	名　前
月　日	

● 点と　点を　直線で　つないで　三角形を
かきましょう。

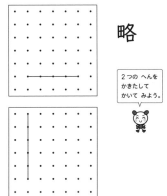

略

2つの　へんを
かきたして
かいて　みよう。

● 点と　点を　直線で　つないで　四角形を
かきましょう。

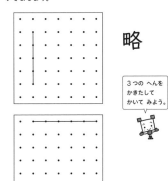

略

3つの　へんを
かきたして
かいて　みよう。

8

P.9

三角形と　四角形（6）

	名　前
月　日	

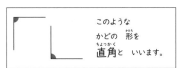

このような
かどの　形を
直角と　いいます。

● 右の　ものの　形の　中で　直角が　ある
ものには　（　）に　○を　しましょう。

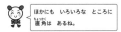

ほかにも　いろいろな　ところに
直角は　あるね。

① ノート（○）　　② はがき（○）

③ 百円玉（　）　　④ 三角じょうぎ（○）

⑤ こくばん（○）

9

P.10

三角形と　四角形（7）

	名　前
月　日	

● 下の　2つの　四角形で，直角に　なって　いる　かどに　ⓐの　ように　赤色を　ぬりましょう。
また，へんの　長さを　はかって　（　）に　書きましょう。

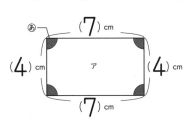

ⓐ （7）cm
（4）cm　ア　（4）cm
（7）cm

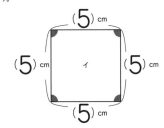

（5）cm
（5）cm　イ　（5）cm
（5）cm

4つの　かどが　みんな　直角の　四角形を
長方形と　いいます。長方形の　むかいあう
2つの　へんの　長さは　同じです。

4つの　かどが　みんな　直角で，4つの
へんの　長さが　みんな　同じに　なって
いる　四角形を　**正方形**と　いいます。

10

P.11

三角形と　四角形（8）

	名　前
月　日	

● 長方形を　見つけて，きごうに　○を
しましょう。

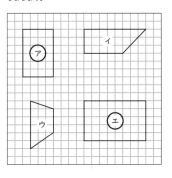

長方形は，4つの　かどが
みんな　直角の　四角形だね。

● 正方形を　見つけて，きごうに　○を
しましょう。

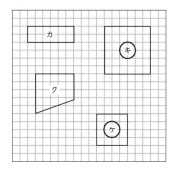

正方形は　4つの　かどが　みんな　直角で，
4つの　へんの　長さが　みんな　同じ　四角形だね。

11

91

P.12

三角形と 四角形 (9)

名前　月　日

● 下の 三角形で，直角に なって いる かどに 赤色を ぬりましょう。

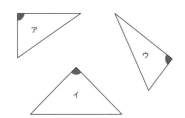

直角の かどの ある 三角形を
直角三角形 と いいます。

● 直角三角形を 見つけて，きごうに 〇を しましょう。

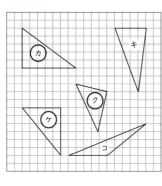

三角じょうぎを つかって しらべて みよう。

12

P.13

三角形と 四角形 (10)

名前　月　日

● つぎの 大きさの 正方形，長方形，直角三角形を かきましょう。

① １つの へんの 長さが 3cm の 正方形

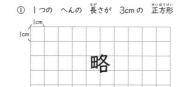
略

② ２つの へんの 長さが 4cm と 5cm の 長方形

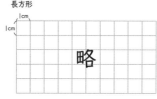
略

③ 直角に なる ２つの へんの 長さが 5cm と 7cm の 直角三角形

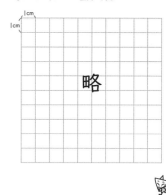
略

13

P.14

かけ算 (1)

名前　月　日

● □に あてはまる 数を 書きましょう。

ドーナツが

１さらに **2** こずつ のって います。

おさらは **4** まい あります。

ドーナツは ぜんぶで **8** こです。

いちごが

１さらに **4** こずつ のって います。

おさらは **3** まい あります。

いちごは ぜんぶで **12** こです。

14

P.15

かけ算 (2)

名前　月　日

● □に あてはまる 数を 書きましょう。

みかんが

１ふくろに **5** こずつ 入って います。

ふくろは **2** ふくろ あります。

みかんは ぜんぶで **10** こです。

なすが

１ふくろに **2** 本ずつ 入って います。

ふくろは **5** ふくろ あります。

なすは ぜんぶで **10** 本です。

15

P.16

かけ算（3）

	名前
月　日	

● つぎの 文を 絵に あらわしましょう。

🐼＜絵では なく ○や □でも いいよ。

クッキーが

１さらに ④こずつ のって います。
おさらは ③まい あります。
クッキーは ぜんぶで 12こです。

（例）

りんごが

１かごに ②こずつ 入って います。
かごは ④こ あります。
りんごは ぜんぶで 8こです。

16

P.17

かけ算（4）

	名前
月　日	

● つぎの 文を 絵に あらわしましょう。

おにぎりが

１さらに ②こずつ のって います。
おさらは ③まい あります。
おにぎりは ぜんぶで 6こです。

略

メロンパンが

１ふくろに ③こずつ 入って います。
ふくろは ④ふくろ あります。
メロンパンは ぜんぶで 12こです。

略

17

P.18

かけ算（5）

	名前
月　日	

● おさらの 上の 食べものの 数を 「何こずつの 何さら分」で あらわしましょう。

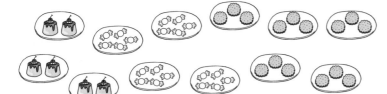

① 🍬 １さらに ⑤こずつの 4さら分，ぜんぶで 20こ

② 🍮 １さらに ②こずつの 3さら分，ぜんぶで 6こ

③ 🍪 １さらに ③こずつの 5さら分，ぜんぶで 15こ

「何さら分」は
おさらの 数を
あらわして いるよ。
🐼

18

P.19

かけ算（6）

	名前
月　日	

● ドーナツは ぜんぶで 何こに なりますか。
あてはまる 数を 書いて，かけ算の しきに あらわしましょう。

ドーナツは

ぜんぶで

１さらに ③こずつの 4さら分，12こ

しき

１さら分のドーナツの数　おさらの数　ぜんぶの数

$$3 × 4 = 12$$

3　かける　4　は

19

93

解答

児童に実施させる前に，必ず指導される方が問題を解いてください。本書の解答は，あくまでも1つの例です。指導される方の作られた解答をもとに，本書の解答例を参考に児童の多様な考えに寄り添って○つけをお願いします。

P.20

かけ算 (7)

| | 名前 |
|月|日| |

● ジュースは ぜんぶで 何本に なりますか。
　かけ算の しきを 書きましょう。

1はこに
②本ずつの 4 はこ分で， 8 本

しき

| 1はこ分の ジュースの 数 | はこの 数 | ぜんぶの 数 |

②×4=8

● プリンは ぜんぶで 何こに なりますか。
　かけ算の しきを 書きましょう。

1パックに
③こずつの 5 パック分で， 15 こ

しき

| 1パック分の プリンの 数 | パックの 数 | ぜんぶの 数 |

③×5=15

P.21

かけ算 (8)

| | 名前 |
|月|日| |

● たこやきは ぜんぶで 何こに なりますか。
　かけ算の しきを 書きましょう。

1さらに
⑥こずつの 3 さら分で， 18 こ

しき

| 1さら分の たこやきの 数 | さらの 数 | ぜんぶの 数 |

⑥×3=18

● 子どもは ぜんぶで 何人に なりますか。
　かけ算の しきを 書きましょう。

1台に
⑤人ずつの 4 台分で， 20 人

しき

| 1台分の 子どもの 数 | バスの 数 | ぜんぶの 数 |

⑤×4=20

P.22

かけ算 (9)

| | 名前 |
|月|日| |

● ケーキは ぜんぶで 何こに なりますか。
　かけ算の しきを 書きましょう。

はこの 中は 見えないけれど，
どれも 2こずつ 入って いるよ。

1はこに
②こずつの 5 はこ分で， 10 こ

しき

| 1はこ分の ケーキの 数 | はこの 数 | ぜんぶの 数 |

②×5=10

● たいやきは ぜんぶで 何こに なりますか。
　かけ算の しきを 書きましょう。

どの はこにも 同じ 数ずつ
たいやきが 入って いるよ。

1はこに
④こずつの 3 はこ分で， 12 こ

しき

| 1はこ分の たいやきの 数 | はこの 数 | ぜんぶの 数 |

④×3=12

P.23

かけ算 (10)

| | 名前 |
|月|日| |

● 絵に あった かけ算の しきを えらんで 線で むすびましょう。

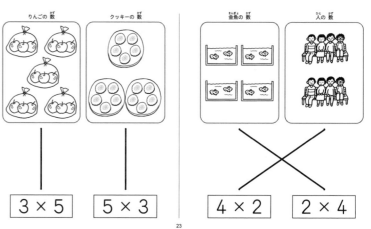

りんごの 数　　　クッキーの 数　　　金魚の 数　　　人の 数

3×5　　5×3　　　4×2　　2×4

94

P.24

かけ算 (11)　　　5のだんの 九九

名前　　月　日

● 5のだんの 九九を おぼえましょう。

5 × 1 = 5　　5 × 6 = 30
ご　いち　が　ご　　　ご　ろく　さんじゅう

5 × 2 = 10　　5 × 7 = 35
ご　に　じゅう　　　ご　しち　さんじゅうご

5 × 3 = 15　　5 × 8 = 40
ご　さん　じゅうご　　ご　は　しじゅう

5 × 4 = 20　　5 × 9 = 45
ご　し　にじゅう　　ごっ　く　しじゅうご

5 × 5 = 25
ご　ご　にじゅうご

● かけ算を しましょう。

① 5 × 3 = 15　　⑥ 5 × 6 = 30

② 5 × 7 = 35　　⑦ 5 × 5 = 25

③ 5 × 2 = 10　　⑧ 5 × 1 = 5

④ 5 × 9 = 45　　⑨ 5 × 8 = 40

⑤ 5 × 4 = 20

24

P.25

かけ算 (12)　　　2のだんの 九九

名前　　月　日

● 2のだんの 九九を おぼえましょう。

2 × 1 = 2　　2 × 6 = 12
に　いち　が　に　　に　ろく　じゅうに

2 × 2 = 4　　2 × 7 = 14
に　にん　が　し　　に　しち　じゅうし

2 × 3 = 6　　2 × 8 = 16
に　さん　が　ろく　　に　は　じゅうろく

2 × 4 = 8　　2 × 9 = 18
に　し　が　はち　　に　く　じゅうはち

2 × 5 = 10
に　ご　じゅう

● かけ算を しましょう。

① 2 × 4 = 8　　⑥ 2 × 6 = 12

② 2 × 9 = 18　　⑦ 2 × 2 = 4

③ 2 × 5 = 10　　⑧ 2 × 3 = 6

④ 2 × 1 = 2　　⑨ 2 × 7 = 14

⑤ 2 × 8 = 16

25

P.26

かけ算 (13)　　　3のだんの 九九

名前　　月　日

● 3のだんの 九九を おぼえましょう。

3 × 1 = 3　　3 × 6 = 18
さん　いち　が　さん　　さぶ　ろく　じゅうはち

3 × 2 = 6　　3 × 7 = 21
さん　に　が　ろく　　さん　しち　にじゅういち

3 × 3 = 9　　3 × 8 = 24
さ　ざん　が　く　　さん　ぱ　にじゅうし

3 × 4 = 12　　3 × 9 = 27
さん　し　じゅうに　　さん　く　にじゅうしち

3 × 5 = 15
さん　ご　じゅうご

● かけ算を しましょう。

① 3 × 5 = 15　　⑥ 3 × 7 = 21

② 3 × 2 = 6　　⑦ 3 × 4 = 12

③ 3 × 6 = 18　　⑧ 3 × 9 = 27

④ 3 × 1 = 3　　⑨ 3 × 3 = 9

⑤ 3 × 8 = 24

26

P.27

かけ算 (14)　　　4のだんの 九九

名前　　月　日

● 4のだんの 九九を おぼえましょう。

4 × 1 = 4　　4 × 6 = 24
し　いち　が　し　　し　ろく　にじゅうし

4 × 2 = 8　　4 × 7 = 28
し　に　が　はち　　し　しち　にじゅうはち

4 × 3 = 12　　4 × 8 = 32
し　さん　じゅうに　　し　は　さんじゅうに

4 × 4 = 16　　4 × 9 = 36
し　し　じゅうろく　　し　く　さんじゅうろく

4 × 5 = 20
し　ご　にじゅう

● かけ算を しましょう。

① 4 × 4 = 16　　⑥ 4 × 9 = 36

② 4 × 7 = 28　　⑦ 4 × 2 = 8

③ 4 × 1 = 4　　⑧ 4 × 5 = 20

④ 4 × 6 = 24　　⑨ 4 × 3 = 12

⑤ 4 × 8 = 32

27

P.28

かけ算 （15）　　2のだん〜5のだん

	名前
月　日	

● かけ算を しましょう。

① 2×6＝ 12 ⑥ 3×8＝ 24
② 4×9＝ 36 ⑦ 4×4＝ 16
③ 3×7＝ 21 ⑧ 5×9＝ 45
④ 5×8＝ 40 ⑨ 2×8＝ 16
⑤ 3×4＝ 12 ⑩ 4×7＝ 28

● かけ算を しましょう。

① 5×7＝ 35 ⑥ 3×5＝ 15
② 4×8＝ 32 ⑦ 2×9＝ 18
③ 2×7＝ 14 ⑧ 5×6＝ 30
④ 3×9＝ 27 ⑨ 4×6＝ 24
⑤ 5×3＝ 15 ⑩ 2×4＝ 8

28

P.29

かけ算 （16）　　6のだんの 九九

	名前
月　日	

● 6のだんの 九九を おぼえましょう。

6×1＝ 6（ろく いちが ろく）　6×6＝ 36（ろく ろく さんじゅうろく）
6×2＝ 12（ろく に じゅうに）　6×7＝ 42（ろく しち しじゅうに）
6×3＝ 18（ろく さん じゅうはち）　6×8＝ 48（ろく は しじゅうはち）
6×4＝ 24（ろく し にじゅうし）　6×9＝ 54（ろっ く ごじゅうし）
6×5＝ 30（ろく ご さんじゅう）

● かけ算を しましょう。

① 6×4＝ 24 ⑥ 6×9＝ 54
② 6×8＝ 48 ⑦ 6×5＝ 30
③ 6×1＝ 6 ⑧ 6×7＝ 42
④ 6×6＝ 36 ⑨ 6×2＝ 12
⑤ 6×3＝ 18

29

P.30

かけ算 （17）　　7のだんの 九九

	名前
月　日	

● 7のだんの 九九を おぼえましょう。

7×1＝ 7（しち いちが しち）　7×6＝ 42（しち ろく しじゅうに）
7×2＝ 14（しち に じゅうし）　7×7＝ 49（しち しち しじゅうく）
7×3＝ 21（しち さん にじゅういち）　7×8＝ 56（しち は ごじゅうろく）
7×4＝ 28（しち し にじゅうはち）　7×9＝ 63（しち く ろくじゅうさん）
7×5＝ 35（しち ご さんじゅうご）

● かけ算を しましょう。

① 7×5＝ 35 ⑥ 7×3＝ 21
② 7×9＝ 63 ⑦ 7×4＝ 28
③ 7×6＝ 42 ⑧ 7×2＝ 14
④ 7×1＝ 7 ⑨ 7×8＝ 56
⑤ 7×7＝ 49

30

P.31

かけ算 （18）　　8のだんの 九九

	名前
月　日	

● 8のだんの 九九を おぼえましょう。

8×1＝ 8（はち いちが はち）　8×6＝ 48（はち ろく しじゅうはち）
8×2＝ 16（はち に じゅうろく）　8×7＝ 56（はち しち ごじゅうろく）
8×3＝ 24（はち さん にじゅうし）　8×8＝ 64（はっ ぱ ろくじゅうし）
8×4＝ 32（はち し さんじゅうに）　8×9＝ 72（はっ く しちじゅうに）
8×5＝ 40（はち ご しじゅう）

● かけ算を しましょう。

① 8×7＝ 56 ⑥ 8×2＝ 16
② 8×3＝ 24 ⑦ 8×9＝ 72
③ 8×6＝ 48 ⑧ 8×5＝ 40
④ 8×1＝ 8 ⑨ 8×8＝ 64
⑤ 8×4＝ 32

31

P.32

かけ算（19）　　9のだんの 九九

名 前	
月　日	

● 9のだんの 九九を おぼえましょう。

9 × 1 = 9
く　いち が　く

9 × 2 = 18
く　に　じゅうはち

9 × 3 = 27
く　さん　にじゅうしち

9 × 4 = 36
く　し　さんじゅうろく

9 × 5 = 45
く　ご　しじゅうご

9 × 6 = 54
く　ろく　ごじゅうし

9 × 7 = 63
く　しち　ろくじゅうさん

9 × 8 = 72
く　は　しちじゅうに

9 × 9 = 81
く　く　はちじゅういち

● かけ算を しましょう。

① 9×7= 63　　⑥ 9×2= 18
② 9×3= 27　　⑦ 9×4= 36
③ 9×1= 9　　⑧ 9×9= 81
④ 9×8= 72　　⑨ 9×6= 54
⑤ 9×5= 45

32

P.33

かけ算（20）　　1のだんの 九九

名 前	
月　日	

● 1のだんの 九九を おぼえましょう。

1 × 1 = 1
いん　いち が　いち

1 × 2 = 2
いん　に が　に

1 × 3 = 3
いん　さん が　さん

1 × 4 = 4
いん　し が　し

1 × 5 = 5
いん　ご が　ご

1 × 6 = 6
いん　ろく が　ろく

1 × 7 = 7
いん　しち が　しち

1 × 8 = 8
いん　はち が　はち

1 × 9 = 9
いん　く が　く

● かけ算を しましょう。

① 1×3= 3　　⑥ 1×6= 6
② 1×9= 9　　⑦ 1×1= 1
③ 1×5= 5　　⑧ 1×8= 8
④ 1×2= 2　　⑨ 1×4= 4
⑤ 1×7= 7

33

P.34

かけ算（21）　　6のだん〜9のだん

名 前	
月　日	

● かけ算を しましょう。

① 8×6= 48　　⑥ 7×6= 42
② 6×7= 42　　⑦ 6×3= 18
③ 9×4= 36　　⑧ 6×9= 54
④ 8×9= 72　　⑨ 8×8= 64
⑤ 9×7= 63　　⑩ 7×8= 56

● かけ算を しましょう。

① 7×9= 63　　⑥ 8×3= 24
② 9×9= 81　　⑦ 7×7= 49
③ 8×7= 56　　⑧ 9×8= 72
④ 6×6= 36　　⑨ 6×8= 48
⑤ 9×6= 54　　⑩ 7×4= 28

34

P.35

かけ算（22）　　1のだん〜9のだん

名 前	
月　日	

● かけ算を しましょう。

① 5×7= 35　　① 9×9= 81
② 2×4= 8　　② 1×5= 5
③ 8×1= 8　　③ 7×1= 7
④ 3×6= 18　　④ 4×8= 32
⑤ 7×3= 21　　⑤ 6×5= 30
⑥ 1×8= 8　　⑥ 2×9= 18
⑦ 4×1= 4　　⑦ 4×7= 28

● かけ算を しましょう。

① 5×4= 20　　① 9×3= 27
② 3×9= 27　　② 2×6= 12
③ 8×5= 40　　③ 7×4= 28
④ 1×1= 1　　④ 8×6= 48
⑤ 5×3= 15　　⑤ 3×2= 6
⑥ 6×8= 48　　⑥ 4×5= 20
⑦ 7×7= 49　　⑦ 9×1= 9

35

P.36

かけ算 (23) 1のだん～9のだん

名前　　月　日

● かけ算を しましょう。

① 4×2 = 8
② 3×4 = 12
③ 7×8 = 56
④ 9×6 = 54
⑤ 8×2 = 16
⑥ 1×7 = 7
⑦ 2×2 = 4

① 5×8 = 40
② 6×2 = 12
③ 1×2 = 2
④ 7×5 = 35
⑤ 2×8 = 16
⑥ 3×8 = 24
⑦ 4×4 = 16

● かけ算を しましょう。

① 6×7 = 42
② 4×9 = 36
③ 9×5 = 45
④ 5×1 = 5
⑤ 7×9 = 63
⑥ 2×3 = 6
⑦ 8×7 = 56

① 2×5 = 10
② 9×8 = 72
③ 3×1 = 3
④ 4×3 = 12
⑤ 1×9 = 9
⑥ 6×4 = 24
⑦ 5×5 = 25

36

P.37

かけ算 (24) 1のだん～9のだん

名前　　月　日

● かけ算を しましょう。

① 8×8 = 64
② 2×7 = 14
③ 5×9 = 45
④ 3×3 = 9
⑤ 1×4 = 4
⑥ 9×2 = 18
⑦ 6×1 = 6

① 8×3 = 24
② 6×9 = 54
③ 1×6 = 6
④ 9×4 = 36
⑤ 7×2 = 14
⑥ 3×5 = 15
⑦ 5×2 = 10

● かけ算を しましょう。

① 9×7 = 63
② 3×7 = 21
③ 8×4 = 32
④ 4×6 = 24
⑤ 6×3 = 18
⑥ 2×1 = 2
⑦ 7×6 = 42

① 6×6 = 36
② 8×9 = 72
③ 1×3 = 3
④ 5×6 = 30
⑤ 4×7 = 28
⑥ 9×3 = 27
⑦ 7×7 = 49

37

P.38

かけ算 (25) ばいと かけ算

名前　　月　日

● 3cmの 2ばいの 長さに なるように テープに 色を ぬりましょう。
また，その 長さを もとめましょう。

 2ばいとは，3cmの 2つ分の ことだね。

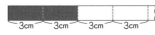

しきに あらわすと

3 × 2 = 6

答え 6 cm

● つぎの テープの 長さを もとめましょう。

テープに 色を ぬって みよう。

① 3cmの 4ばい

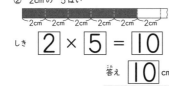

しき 3 × 4 = 12

答え 12 cm

② 2cmの 5ばい

しき 2 × 5 = 10

答え 10 cm

38

P.39

かけ算 (26) ばいと かけ算

名前　　月　日

● つぎの つみ木の 高さを もとめましょう。

① 2cmの 4ばい

2cmの 4つ分だね。

しき

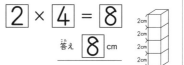

2 × 4 = 8

答え 8 cm

② 3cmの 3ばい

しき

3 × 3 = 9

答え 9 cm

● つぎの 数を もとめましょう。

① 2ひき の 3ばい

しき 2 × 3 = 6

答え 6 ひき

② 6こ の 2ばい

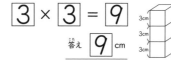

しき 6 × 2 = 12

答え 12 こ

39

P.40

かけ算（27）　文しょうだい

名前　月　日

● １はこに えんぴつが 6本ずつ 入って います。
はこは 7はこ あります。
えんぴつは ぜんぶで 何本 ありますか。

⑥本ずつ ⑦はこ分で，⑳42⑳本

しき

⑥ × ⑦ ＝ ⑳42⑳

答え ⑳42⑳本

● １台の 車に 3人ずつ のります。
車は 6台 あります。
ぜんぶで 何人 のる ことが できますか。

③人ずつ ⑥台分で，⑳18⑳人

しき

③ × ⑥ ＝ ⑳18⑳

答え ⑳18⑳人

P.41

かけ算（28）　文しょうだい

名前　月　日

● 子どもが 8人 います。
子ども ひとりに 風船を 2こずつ くばります。
風船は ぜんぶで 何こ いりますか。

②こずつ ⑧人分で，⑳16⑳こ

しき

② × ⑧ ＝ ⑳16⑳

答え ⑳16⑳こ

● じゃがいもが 入った ふくろが 9ふくろ あります。
１つの ふくろに じゃがいもが 5こずつ 入って います。
じゃがいもは ぜんぶで 何こ ありますか。

⑤こずつ ⑨ふくろ分で，⑳45⑳こ

しき

⑤ × ⑨ ＝ ⑳45⑳

答え ⑳45⑳こ

P.42

かけ算（29）　文しょうだい

名前　月　日

● １まい 9円の 画用紙を 4まい 買います。
何円に なりますか。

しき $9 \times 4 = 36$

答え **36 円**

■ あつさ 6mmの 本を 8さつ つみます。
高さは ぜんぶで 何mmに なりますか。

しき $6 \times 8 = 48$

答え **48mm**

● １ふくろ 3まい入りの はがきが 9ふくろ あります。
はがきは ぜんぶで 何まい ありますか。

しき $3 \times 9 = 27$

答え **27まい**

■ かいとさんは １日に 7ページずつ 本を 読みます。
5日間では，何ページ 読む ことが できますか。

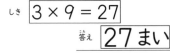

しき $7 \times 5 = 35$

答え **35 ページ**

P.43

かけ算（30）　九九の ひょう

名前　月　日

● 九九の ひょうを かんせい させましょう。

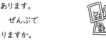 １のだん～5のだん

かける数

かけられる数＼かける数	1	2	3	4	5	6	7	8	9
1	1	2	3	4	5	6	7	8	9
2	2	4	6	8	10	12	14	16	18
3	3	6	9	12	15	18	21	24	27
4	4	8	12	16	20	24	28	32	36
5	5	10	15	20	25	30	35	40	45

（2行目：2×1 2×2 2×3 2×4 2×5 2×6 2×7 2×8 2×9）

 6のだん～9のだん

かける数

かけられる数＼かける数	1	2	3	4	5	6	7	8	9
6	6	12	18	24	30	36	42	48	54
7	7	14	21	28	35	42	49	56	63
8	8	16	24	32	40	48	56	64	72
9	9	18	27	36	45	54	63	72	81

にがてな だんの 数字を 入れて やってみよう。

P.44

九九の ひょうと きまり（1）

● 九九の ひょうの あいて いる ところを
うめて，九九の ひょうを かんせい
させましょう。

■ □に あてはまる 数を 書きましょう。

① 7のだんでは，かける数が 1 ふえると，
答えは **7** だけ ふえます。

	1	2	3	4	5	6	7	8	9
7	7	14	21	28	35	42	49	56	63

7 7 7

② 4のだんでは，かける数が 1 ふえると，
答えは **4** だけ ふえます。

名 前
月　日

かける数

	1	2	3	4	5	6	7	8	9	
1	1	2	3	4	5	6	7	8	9	1のだん
2	2×1	2×2	2×3	2×4	2×5	2×6	2×7	2×8	2×9	2のだん
	2	4	6	8	10	12	14	16	18	
3	3	6	9	12	15	18	21	24	27	3のだん
4	4	8	12	16	20	24	28	32	36	4のだん
5	5	10	15	20	25	30	35	40	45	5のだん
6	6	12	18	24	30	36	42	48	54	6のだん
7	7	14	21	28	35	42	49	56	63	7のだん
8	8	16	24	32	40	48	56	64	72	8のだん
9	9	18	27	36	45	54	63	72	81	9のだん

かけられる数

かけられる数 かける数
○ × □ だね。

44

P.45

九九の ひょうと きまり（2）

 九九の ひょうを 見て 答えましょう。

かける数

	1	2	3	4	5	6	7	8	9
1	1	2	3	4	5	6	7	8	9
2	2	4	6	8	10	12	14	16	18
3	3	6	9	12	15	18	21	24	27
4	4	8	12	16	20	24	28	32	36
5	5	10	15	20	25	30	35	40	45
6	6	12	18	24	30	36	42	48	54
7	7	14	21	28	35	42	49	56	63
8	8	16	24	32	40	48	56	64	72
9	9	18	27	36	45	54	63	72	81

かけられる数

● □に あてはまる 数を 書きましょう。

① 5×3の 答えと 3×**5** の 答えは
同じです。

② 2×7＝7×**2**

③ 6×8＝**8**×**6**

 かけられる数と
かける数を
入れかえても
答えは 同じだね。

■ 答えが 下の 数に なる 九九を すべて
書きましょう。

① 9 （1×9）（3×3）
（9×1）

② 24 （3×8）（4×6）
（6×4）（8×3）

45

P.46

九九の ひょうと きまり（3）

 九九の ひょうを 見て 答えましょう。

● ⑦～⊕に 入る 数の しきを 書きましょう。

⑦（4×6）　④（8×7）

⑨（3×12）　⊕（10×3）

■ ⑦～⊕の かけ算の 答えを 書きましょう。

⑦（ 24 ）　④（ 56 ）

⑨（ 36 ）　⊕（ 30 ）

名 前
月　日

かける数

	1	2	3	4	5	6	7	8	9	10	11	12
1	1	2	3	4	5	6	7	8	9			
2	2	4	6	8	10	12	14	16	18			
3	3	6	9	12	15	18	21	24	27			⑨
4	4	8	12	16	20	24	⑦	28	32	36		
5	5	10	15	20	25	30	35	40	45			
6	6	12	18	24	30	36	42	48	54			
7	7	14	21	28	35	42	49	56	63			
8	8	16	24	32	40	48	④	64	72			
9	9	18	27	36	45	54	63	72	81			
10			⊕									
11												
12												

かけられる数

3のだんは，3ずつ
大きくなるね。

10×3＝3×10と
考えても いいね。

46

P.47

10000までの 数（1）

● つぎの 数を 数字で 書きましょう。

① 二千六百三十五

1000が	100が	10が	1が
2 こ	**6** こ	**3** こ	**5** こ

千のくらい	百のくらい	十のくらい	一のくらい
2	6	3	5

② 四千二百八

1000が	100が	10が	1が
4 こ	**2** こ	**0** こ	**8** こ

千のくらい	百のくらい	十のくらい	一のくらい
4	2	0	8

47

P.48

10000 までの 数（2）

		名前
月	日	

● つぎの 数を 数字で 書きましょう。

① 三千九十六（さんぜんきゅうじゅうろく）

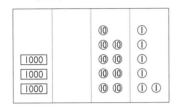

1000が **3** こ　100が **0** こ　10が **9** こ　1が **6** こ

千のくらい	百のくらい	十のくらい	一のくらい
3	0	9	6

② 五千二（ごせんに）

1000が **5** こ　100が **0** こ　10が **0** こ　1が **2** こ

千のくらい	百のくらい	十のくらい	一のくらい
5	0	0	2

48

P.49

10000 までの 数（3）

		名前
月	日	

● 数を 読んで 数字で 書きましょう。

		千のくらい	百のくらい	十のくらい	一のくらい
① 八千五百三十七 →		8	5	3	7
② 四千七百十一 →		4	7	1	1
③ 六千四百三 →		6	4	0	3
④ 五千二十二 →		5	0	2	2

● 数を 読んで 数字で 書きましょう。

		千のくらい	百のくらい	十のくらい	一のくらい
① 七千 →		7	0	0	0
② 二千六 →		2	0	0	6
③ 九千十八 →		9	0	1	8
④ 八千五十 →		8	0	5	0

49

P.50

10000 までの 数（4）

		名前
月	日	

● □に あてはまる 数を 書きましょう。

くらいの へやに 数を 入れると よく わかるね。

① 千のくらいが 6，百のくらいが 7，十のくらいが 3，一のくらいが 8の 数は **6738** です。

千のくらい	百のくらい	十のくらい	一のくらい
6	7	3	8

② 千のくらいが 1，百のくらいが 9，十のくらいが 0，一のくらいが 5の 数は **1905** です。

千のくらい	百のくらい	十のくらい	一のくらい
1	9	0	5

③ 千のくらいが 7，百のくらいが 0，十のくらいが 2，一のくらいが 0の 数は **7020** です。

千のくらい	百のくらい	十のくらい	一のくらい
7	0	2	0

④ 千のくらいが 4，百のくらいが 1，十のくらいが 0，一のくらいが 0の 数は **4100** です。

千のくらい	百のくらい	十のくらい	一のくらい
4	1	0	0

50

P.51

10000 までの 数（5）

		名前
月	日	

● □に あてはまる 数を 書きましょう。

くらいの へやに 数を 入れると よく わかるね。

① 3607は，1000を **3** こ，100を **6** こ，1を **7** こ あわせた 数です。

千のくらい	百のくらい	十のくらい	一のくらい
3	6	0	7

② 5080は，1000を **5** こ，10を **8** こ あわせた 数です。

千のくらい	百のくらい	十のくらい	一のくらい
5	0	8	0

③ 1000を 6こ，100を 2こ，10を 3こ，1を 9こ あわせた 数は **6239** です。

千のくらい	百のくらい	十のくらい	一のくらい
6	2	3	9

④ 1000を 7こ，100を 1こ，10を 4こ あわせた 数は **7140** です。

千のくらい	百のくらい	十のくらい	一のくらい
7	1	4	0

51

P.52

10000までの 数（6）

名前　月　日

● つぎの 文を しきに あらわしましょう。また，しきを 文に あらわしましょう。

① 4730は，4000と 700と 30を あわせた 数です。 → 4730 = 4000 + 700 + 30

② 8162は，8000と 100と 60と 2を あわせた 数です。 → 8162 = 8000 + 100 + 60 + 2

③ 5060 = 5000 + 60 → 5060は，5000 と 60 を あわせた 数です。

④ 3907 = 3000 + 900 + 7 → 3907は，3000 と 900 と 7 を あわせた 数です。

52

P.53

10000までの 数（7）

名前　月　日

● □に あてはまる 数を 書きましょう。

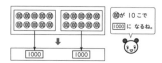

① 100を 20こ あつめた 数は 2000 です。

② 100を 13こ あつめた 数は 1300 です。

③ 100を 26こ あつめた 数は 2600 です。

④ 100を 42こ あつめた 数は 4200 です。

53

P.54

10000までの 数（8）

名前　月　日

● □に あてはまる 数を 書きましょう。

① 3000は 100を 30 こ あつめた 数です。

② 1700は 100を 17 こ あつめた 数です。

③ 2500は 100を 25 こ あつめた 数です。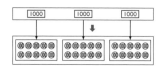

④ 3800は 100を 38 こ あつめた 数です。

54

P.55

10000までの 数（9）

名前　月　日

● 計算を しましょう。

① 800 + 400 = 1200

② 600 + 500 = 1100

③ 300 + 900 = 1200

④ 700 + 600 = 1300

● 計算を しましょう。

① 900 − 400 = 500

② 1000 − 700 = 300

③ 800 − 200 = 600

④ 1000 − 600 = 400

55

P.56

10000 までの 数（10）

名前　月　日

● □に あてはまる 数を 書いて 読みましょう。

① | 3996 | 3997 | **3998** | **3999** | 4000 | **4001** |
1ふえる　1ふえる

② | 5070 | 5080 | **5090** | 5100 | **5110** | **5120** |
10ふえる　10ふえる

③ | 7500 | 7600 | **7700** | **7800** | 7900 | **8000** |
100ふえる　100ふえる

④ | 4000 | 5000 | **6000** | **7000** | **8000** | 9000 |
1000ふえる　1000ふえる

56

P.57

10000 までの 数（11）

名前　月　日

● □に あてはまる 数を 書きましょう。

数の線の 1めもりは いくつかな。

① 2700　2800　2900　3000　3100

| **2710** | **2850** | **3030** |

② 7500　7600　7700　7800　7900

| **7550** | **7680** | **7840** |

③ 4000　5000　6000　7000　8000

| **4100** | **5600** | **7200** |

57

P.58

10000 までの 数（12）

名前　月　日

● □に あてはまる 数を 書いて じゅんに 読みましょう。

① 100ふえる　100ふえる

| 9000 | **9100** | **9200** | **9300** | **9400** | **9500** |
| **9600** | **9700** | **9800** | **9900** | **10000** |

② 1000ふえる　1000ふえる

| 1000 | **2000** | **3000** | **4000** | **5000** | **6000** |
| **7000** | **8000** | **9000** | **10000** |

10000（一万）は，1000（千）を 10こ あつめた 数です。

58

P.59

10000 までの 数（13）

名前　月　日

● □に あてはまる 数を 書きましょう。

じゅんに 読んで みよう。

① 1ふえる　1ふえる

| 9990 | **9991** | **9992** | **9993** | **9994** | **9995** |
| **9996** | **9997** | **9998** | **9999** | **10000** |

② 10ふえる　10ふえる

| 9900 | **9910** | **9920** | **9930** | **9940** | **9950** |
| **9960** | **9970** | **9980** | **9990** | **10000** |

③ 10000より 1 小さい 数は **9999** です。

④ 10000より 10 小さい 数は **9990** です。

59

P.60

10000 までの 数 (14)

		名前
月	日	

● どちらが 大きいですか。□に ＞か ＜を 書きましょう。

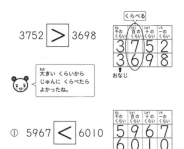

3752 ＞ 3698

千の くらい	百の くらい	十の くらい	一の くらい
3	7	5	2
3	6	9	8

おなじ

くらいの へやに 数を 入れて くらべて みよう。

大きい くらいから じゅんに くらべたら よかったね。

① 5967 ＜ 6010

千の くらい	百の くらい	十の くらい	一の くらい
5	9	6	7
6	0	1	0

② 8215 ＞ 8125

千の くらい	百の くらい	十の くらい	一の くらい
8	2	1	5
8	1	2	5

③ 9967 ＜ 9976

千の くらい	百の くらい	十の くらい	一の くらい
9	9	6	7
9	9	7	6

④ 4235 ＜ 4238

千の くらい	百の くらい	十の くらい	一の くらい
4	2	3	5
4	2	3	8

⑤ 10000 ＞ 9999

60

P.61

長い ものの 長さの たんい (1)

		名前
月	日	

● イルカの 体長は 何m 何cm ですか。
また，何cm ですか。

1 m 20 cm

120 cm

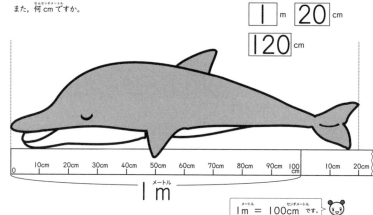

1m

1m = 100cm です。

61

P.62

長い ものの 長さの たんい (2)

		名前
月	日	

● 1m ものさしの □に 数字を 書いて，目もりを 読みましょう。

30 cm　60 cm　70 cm　90 cm

1m = 100 cm

1mは，1cmを 100こ つないだ 長さだね。

■ れんしゅうを しましょう。

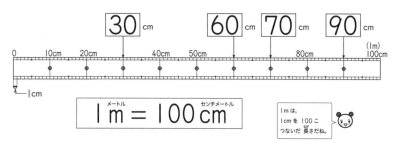

1m　2m　3m　4m　5m　6m

62

P.63

長い ものの 長さの たんい (3)

		名前
月	日	

● テープの 長さは 何m 何cm ですか。

①

1m

1 m 13 cm

②

1m

いちばん 小さな 1目もりが 1cmだね。

1 m 5 cm

63

P.64

長い ものの 長さの たんい (4)

月　日　名 前

● テープの 長さは 何m何cmですか。また，何cmですか。

①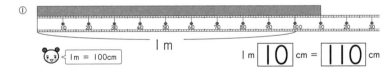

1m

1m = 100cm

1m **10** cm = **110** cm

②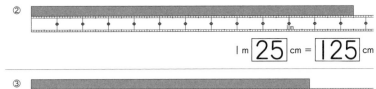

1m **25** cm = **125** cm

③

1m **8** cm = **108** cm

64

P.65

長い ものの 長さの たんい (5)

月　日　名 前

● □に あてはまる 数を 書きましょう。

① 1m = **100** cm

② 3m 40cm = **340** cm

ひょうを つかうと
わかりやすいね。

③ 2m 70cm = **270** cm ｜m **270** cm｜

④ 5m 8cm = **508** cm ｜m **508** cm｜

● □に あてはまる 数を 書きましょう。

① 400cm = **4** m ｜m **400** cm｜

② 170cm = **1** m **70** cm ｜m **170** cm｜

③ 630cm = **6** m **30** cm ｜m **630** cm｜

④ 302cm = **3** m **2** cm ｜m **302** cm｜

65

P.66

長い ものの 長さの たんい (6)

月　日　名 前

● 計算を しましょう。

①  2m 10cm + 3m 40cm = **5** m **50** cm

同じ たんいの
数どうしを 計算するよ。
同じ たんいに しるしを つけてから
計算してみよう。

② 3m 70cm + 20cm = **3** m **90** cm

③ 1m 80cm + 6m = **7** m **80** cm

④ 4m 5cm + 3m 15cm = **7** m **20** cm

⑤ 10m 30cm + 2m 7cm = **12** m **37** cm

66

P.67

長い ものの 長さの たんい (7)

月　日　名 前

● 計算を しましょう。

①  3m 40cm − 1m 10cm = **2** m **30** cm

同じ たんいの
数どうしを 計算だね。
たんいを まちがえずに
計算しよう。

② 7m 50cm − 30cm = **7** m **20** cm

③ 8m 2cm − 5m = **3** m **2** cm

④ 6m 24cm − 24cm = **6** m

⑤ 2m 80cm − 2m 60cm = **20** cm

67

P.68

長い ものの 長さの たんい (8)

名前　月　日

● □に あてはまる 長さの たんい
（m, cm, mm）を 書きましょう。

① シロナガスクジラの 体長 …25　**m**

② えんぴつの 長さ …………17　**cm**

③ 教科書の あつさ …………6　**mm**

● □に あてはまる 長さの たんい
（m, cm, mm）を 書きましょう。

① 7かいだての ビルの 高さ …20　**m**

② お米 1つぶの 長さ …4　**mm**

③ 生まれた ときの 赤ちゃんの しん長
……50　**cm**

68

P.69

図を つかって 考えよう (1)

名前　月　日

犬が 9ひき います。
そのうち，白い 犬は 6ぴき，
黒い 犬は 3びきです。

わからない 数を □と するよ。

お話を 図に あらわすと

ぜんぶの 犬の 数
9 ひき
白い 犬の 数 **6** ぴき　黒い 犬の 数 **3** びき

ぜんぶの 犬の 数，
白い 犬の 数，
黒い 犬の 数は
それぞれ 何算で
もとめられるかな。

① ぜんぶで 9ひき
白い犬 6ぴき　黒い犬 □ぴき
黒い 犬の 数を もとめる
9 − **6** = **3**

② ぜんぶで 9ひき
白い犬 □ぴき　黒い犬 3ぴき
白い 犬の 数を もとめる
9 − **3** = **6**

③ ぜんぶで □ひき
白い犬 6ぴき　黒い犬 3ぴき
ぜんぶの 犬の 数を もとめる
6 + **3** = **9**

69

P.70

図を つかって 考えよう (2)

名前　月　日

● お話の ばめんを 図に あらわして，答えを もとめましょう。

公園で 12人 あそんで います。
あとから 何人か 来たので，
みんなで 18人に なりました。
あとから 何人 来ましたか。

わからない 数は □で あらわすよ。

はじめの 数 (**12**) 人　来た数 (**□**) 人
ぜんぶの 数 (**18**) 人

しき　**18** − **12** = **6**

答え　**6人**

バスに 9人 のって います。
バスていで 何人か のって 来たので，
バスの 中は 25人に なりました。
何人 のって 来ましたか。

図の（ ）に 数や □を 書いて 考えよう。

はじめの 数 (**9**) 人　のって 来た 数 (**□**) 人
ぜんぶの 数 (**25**) 人

しき　**25** − **9** = **16**

答え　**16人**

70

P.71

図を つかって 考えよう (3)

名前　月　日

● お話の ばめんを 図に あらわして，答えを もとめましょう。

いちごが 何こか あります。
7こ 食べたので，
のこりが 13こに なりました。
はじめに いちごは 何こ ありましたか。

わからない 数（□）は はじめの いちごの 数だね。

はじめの 数 (**□**) こ
食べた 数 (**7**) こ　のこりの 数 (**13**) こ

しき　**7** + **13** = **20**

答え　**20こ**

長い リボンが あります。
15m 切って つかうと，
のこりが 8mに なりました。
はじめに リボンは 何m ありましたか。

図の（ ）に 数や □を 書いて 考えよう。

はじめの 長さ (**□**) m
つかった 長さ (**15**) m　のこりの 長さ (**8**) m

しき　**15** + **8** = **23**

答え　**23m**

71

P.72

図を つかって 考えよう（4）

	名前
月 日	

● お話の ばめんを 図に あらわして，答えを もとめましょう。

> あめが 25こ あります。
> 妹に 何こか あげたので，
> のこりが 19こに なりました。
> 妹に 何こ あげましたか。

 わからない 数（□）は あげた 数だね。

はじめの 数（25）こ
あげた 数（□）こ　のこりの 数（19）こ

しき $25 - 19 = 6$

答え 6こ

> 鳥が 木に 32わ います。
> 何わか とんで いったので，
> のこりが 10わに なりました。
> 何わ とんで いきましたか。

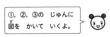 図の（ ）に 数や □を 書いて 考えよう。

はじめの 数（32）わ
とんでいった 数（□）わ　のこりの 数（10）わ

しき $32 - 10 = 22$

答え 22わ

P.73

図を つかって 考えよう（5）

	名前
月 日	

● お話の ばめんを 図に あらわして，答えを もとめましょう。

> たまごが 何こか あります。
> 10こ 買って きたので，
> 14こに なりました。
> はじめに たまごは 何こ ありましたか。

わからない 数（□）は はじめの 数だね。

はじめの 数（□）こ　買ってきた 数（10）こ
ぜんぶの 数（14）こ

しき $14 - 10 = 4$

答え 4こ

> ちゅう車場に 車が 何台か 止まって
> います。5台 入って きたので，
> 42台に なりました。
> はじめに 車は 何台 止まって いましたか。

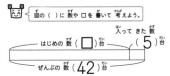

図の（ ）に 数や □を 書いて 考えよう。

はじめの 数（□）台　入って きた 数（5）台
ぜんぶの 数（42）台

しき $42 - 5 = 37$

答え 37台

P.74

図を つかって 考えよう（6）

	名前
月 日	

● お話の ばめんを 図に あらわします。（ ）に 数や □を 書き入れましょう。

> 色紙が 16まい あります。
> 何まいか もらったので，
> ぜんぶで 23まいに なりました。

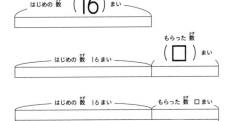 ①，②，③の じゅんに 図を かいて いくよ。

① はじめの 数 16まい

はじめの 数（16）まい

② もらった 数 □まい

もらった 数（□）まい
はじめの 数 16まい

③ ぜんぶの 数 23まい

はじめの 数 16まい　もらった 数 □まい
ぜんぶの 数（23）まい

P.75

図を つかって 考えよう（7）

	名前
月 日	

● お話の ばめんを 図に あらわします。（ ）に 数や □を 書き入れましょう。

> バスに 何人か のって います。
> バスていで 8人 下りたので，
> のこりが 14人になりました。

①，②，③の じゅんに 図を かいて いくよ。

① はじめの 数 □人

はじめの 数（□）人

② 下りた 数 8人

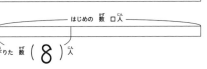

はじめの 数 □人
下りた 数（8）人

③ のこりの 数 14人

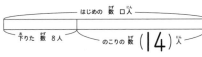

はじめの 数 □人
下りた 数 8人　のこりの 数（14）人

P.76

図を つかって 考えよう（8）

	月	日	名 前

● つぎの ⓐと ⓘの 2つの もんだい文に あう 図と しきを 線で むすびましょう。

ⓐ 公園に 子どもが 15人 います。
何人か 帰ったので，
のこりが 9人に なりました。
何人 帰りましたか。

ⓘ 公園に 子どもが 何人か います。
6人 帰ったので，
のこりが 9人に なりました。
はじめに 子どもは 何人 いましたか。

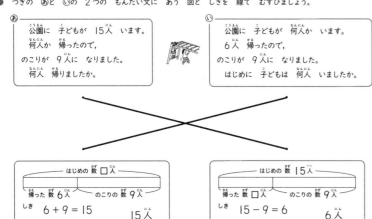

はじめの 数 □人
帰った 数 6人　のこりの 数 9人
しき 6 ＋ 9 ＝ 15
15人

はじめの 数 15人
帰った 数 □人　のこりの 数 9人
しき 15 － 9 ＝ 6
6人

76

P.77

図を つかって 考えよう（9）

	月	日	名 前

● つぎの ⓐと ⓘの 2つの もんだい文に あう 図と しきを 線で むすびましょう。

ⓐ ミニトマトが 14こ あります。
何こか 買って きたので，
ぜんぶで 22こに なりました。
何こ 買って きましたか。

ⓘ ミニトマトが 何こか あります。
8こ 買って きたので，
ぜんぶで 22こに なりました。
はじめに 何こ ありましたか。

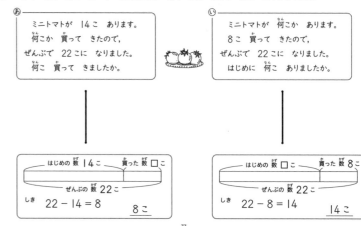

はじめの 数 14こ　買った 数 □こ
ぜんぶの 数 22こ
しき 22 － 14 ＝ 8
8こ

はじめの 数 □こ　買った 数 8こ
ぜんぶの 数 22こ
しき 22 － 8 ＝ 14
14こ

77

P.78

分 数（1）

	月	日	名 前

同じ 大きさに 2つに 分けた 1つ分を，
もとの 大きさの $\frac{1}{2}$（二分の一）と
いいます。

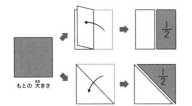

もとの 大きさ

■ れんしゅうを しましょう。

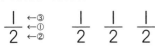

$\frac{1}{2}$ ←③
←①
←②
$\frac{1}{2}$　$\frac{1}{2}$　$\frac{1}{2}$

● もとの 大きさの $\frac{1}{2}$は どれですか。
（ ）に 〇を しましょう。

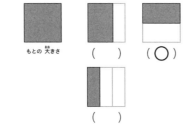

もとの 大きさ　（ ）　（〇）

（ ）

■ $\frac{1}{2}$の 大きさに 色を ぬりましょう。

① ② （例）

78

P.79

分 数（2）

	月	日	名 前

● もとの 大きさの $\frac{1}{4}$は どれですか。
（ ）に 〇を しましょう。

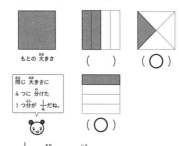

もとの 大きさ　（ ）　（〇）

同じ 大きさに
4つに 分けた
1つ分が $\frac{1}{4}$だね。 （〇）

■ $\frac{1}{4}$の 大きさに 色を ぬりましょう。

① （例） ②

● もとの 大きさの $\frac{1}{3}$は どれですか。
（ ）に 〇を しましょう。

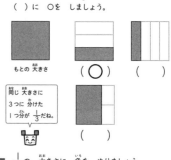

もとの 大きさ　（〇）　（ ）

同じ 大きさに
3つに 分けた
1つ分が $\frac{1}{3}$だね。 （ ）

■ $\frac{1}{3}$の 大きさに 色を ぬりましょう。

① （例） ②

79

P.80

分　数 (3)

	名　前
月　日	

● ①～⑤は，もとの 大きさの 何分の一ですか

もとの 大きさ

①
$\dfrac{1}{4}$

②
$\dfrac{1}{2}$

③
$\dfrac{1}{8}$

④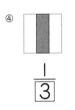
$\dfrac{1}{3}$

⑤
$\dfrac{1}{4}$

80

P.81

分　数 (4)

	名　前
月　日	

● 下の ⑦は，もとの 長さの 何分の一ですか。

もとの 長さ

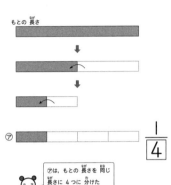

⑦
$\dfrac{1}{4}$

⑦は，もとの 長さを 同じ
長さに 4に 分けた
1つ分だね。

● もとの 長さの $\dfrac{1}{2}$は どれですか。
（ ）に ○を しましょう。

もとの 長さ

（ ）

（○）

（ ）

$\dfrac{1}{2}$は，同じ 長さに
2つに 分けた 1つ分だね。

81

P.82

分　数 (5)

	名　前
月　日	

● ①～③は，もとの 長さの 何分の一ですか。

もとの 長さ

①
$\dfrac{1}{3}$

②
$\dfrac{1}{8}$

③
$\dfrac{1}{4}$

● つぎの 長さに 色を ぬりましょう。

もとの 長さ

（例）

① $\dfrac{1}{2}$

② $\dfrac{1}{3}$

③ $\dfrac{1}{4}$

④ $\dfrac{1}{8}$

82

P.83

分　数 (6)

	名　前
月　日	

● 下の ⑦と ⑦の テープの 長さを くらべて，□に あてはまる 数を 書きましょう。

⑦

⑦

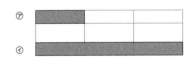

⑦は，⑦を 同じ
長さに 3つに 分けた
1つ分の 長さに
なって いるね。

① ⑦の 長さは，⑦の 長さの $\dfrac{1}{3}$です。

② ⑦を 3 つ あつめると，⑦の 長さに なります。

③ ⑦の 長さは，⑦の 長さの 3 ばいです。

83

109

P.84

はこの 形 (1)

		名前	
月	日		

● 下の アの はこの 形を 見て 答えましょう。

はこの 形で たいらな ところを 面と いいます。

面の 形を うつしとると

① 面は いくつ ありますか。　　6 つ

② 同じ 形の 面は いくつずつ ありますか。　　2 つずつ

③ 面の 形は 何という 四角形ですか。　　長方形

P.85

はこの 形 (2)

		名前	
月	日		

● 下の イの はこの 形を 見て 答えましょう。

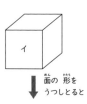

面の 形を うつしとると

4つの へんの 長さは みんな 同じだよ。

① 面は いくつ ありますか。　　6 つ

② 同じ 形の 面は いくつ ありますか。　　6 つ

③ 面の 形は 何という 四角形ですか。　　正方形

P.86

はこの 形 (3)

● ア〜ウに あてはまる ことばを □から えらんで 書きましょう。

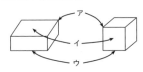

へん ・ 面 ・ ちょう点

ア　ちょう点
イ　面
ウ　へん

● 下の はこの 形を 見て 答えましょう。

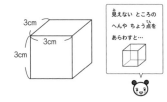

見えない ところの へんや ちょう点を あらわすと…

① ちょう点は ぜんぶで いくつ ありますか。　　8 つ

② 3cmの へんは ぜんぶで いくつ ありますか。　　12

P.87

はこの 形 (4)

		名前	
月	日		

● 下の はこの 形を 見て 答えましょう。

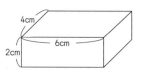

見えない ところの へんや ちょう点は どうなって いるかな。

① ちょう点は ぜんぶで いくつ ありますか。　　8 つ

② へんは ぜんぶで いくつ ありますか。　　12

③ 2cmの へんは いくつ ありますか。　　4

④ 6cmの へんは いくつ ありますか。　　4

110

P.88

はこの 形 (5)

		名前
月	日	

● ひごと ねん土玉を つかって 下の ような はこの 形を つくります。

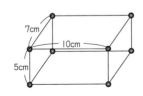

7cm
10cm
5cm

ひごが
はこの 形の へん，
ねん土玉が
ちょう点に なるんだね。

① つぎの 長さの ひごが それぞれ 何本
いりますか。

5cm 　**4**　本

7cm 　**4**　本

10cm 　**4**　本

② ねん土玉は 何こ いりますか。

8 こ

88

P.89

はこの 形 (6)

		名前
月	日	

● 下の あ，いの 図を 組み立てて できる はこの 形を ア～エから えらんで
線で つなぎましょう。

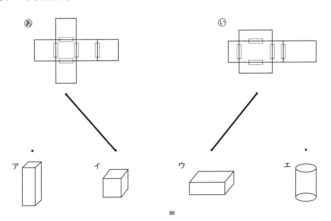

あ　　　　　　　　　い

ア　　　　イ　　　　ウ　　　　エ

89

111

喜楽研の支援教育シリーズ

ゆっくり ていねいに 学べる

算数教科書支援ワーク　2-②

2023 年 3 月 1 日　　第 1 刷発行

イ ラ ス ト ：　山口 亜耶 他
表紙イラスト ：　鹿川 美佳
表紙デザイン ：　エガオデザイン
企 画・編 著 ：　原田 善造・あおい えむ・今井 はじめ・さくら りこ
　　　　　　　　中田 こういち・なむら じゅん・ほしの ひかり・堀越 じゅん
　　　　　　　　みやま りょう（他 4 名）
編 集 担 当 ：　桂　真紀

発 　行 　者 ：　岸本 なおこ
発 　行 　所 ：　喜楽研（わかる喜び学ぶ楽しさを創造する教育研究所：略称）
　　　　　　　　〒604-0827　京都府京都市中京区高倉通二条下ル瓦町 543-1
　　　　　　　　TEL　075-213-7701　FAX　075-213-7706
　　　　　　　　HP　https://www.kirakuken.co.jp
印 　　　　刷 ：　創栄図書印刷株式会社

ISBN:978-4-86277-400-2

Printed in Japan

喜楽研 WEB サイト

書籍の最新情報（正誤表含む）は
喜楽研 WEB サイトをご覧下さい。